1枚で動け

どんなときも
結果が出せる人の
シンプルな習慣

伊藤達馬
Ito Tatsuma

すばる舎

はじめに

「1枚の紙に書く」だけで、いきなりトップクラスへ

入社2年目にして早くも大ピンチ!?

社会人2年目の春、僕は1年間に及ぶスランプ期に陥りました。

2011年5月、日曜日の夕方になると僕は必ず憂鬱な気持ちになりました。明日から仕事だと思うと、

「今月もノルマ達成できるだろうか?」

「上司に怒られたりしないだろうか?」

「ミスをしたりしないだろうか?」

とまだ起きてもいないことに対して、漠然とした不安を抱えていたのです。

こういう状態になると、朝起きるのが嫌になったり、仕事に行くのが嫌になったり、とにかく現実から逃げたくなるものです。会社でも怒られないよう、目立たないよう、自発

的な行動や挑戦を避けるようになります。その結果、僕は営業成績で下位10番に入る状況が1年間も続く、いわゆるスランプ期に陥りました。

成績が悪いと、ますます会社に行くのが嫌になりました。当時の僕は、現実の問題から逃げて、愚痴をこぼし、酒に溺れ、腐っていたと思います。僕自身もそんな自分が嫌いでしたし、毎日がただただ面白くありませんでした。

こうして数カ月が過ぎたある日、野村證券で転勤発表がありました。大阪の支店から、仕事ができることで有名な飛島さんという先輩が、僕のいた岐阜支店にやってきたのです。

トップセールス飛島さんとの出会い

飛島さんは同期トップの営業成績で、社内でも重要な役職を任され、誰もが憧れるような人物でした。そんな飛島さんが、会社の独身寮で、たまたま僕の隣の部屋に引っ越してきたのです。

その晩、飛島さんから「伊藤、メシでも行かん?」と誘われました。「はい!お願い致します!」と僕は即答。当時の野村證券には、先輩からの誘いにNOは許されないカルチャーがありました。

スランプに陥っていた僕は内心「先輩とご飯行くのは嫌だなあ。どうせまた説教じみた話をされるのではないだろうか」とうんざりしていました。

しかし予想に反して、お酒が入ってくると飛島さんは、

「仕事、毎日つらいなあ。オレも毎週、日曜日の夕方になると憂鬱になるねん」

とトップセールスらしからぬ意外な発言を口にしたのです。

それを聞いた僕は、

「飛島さんほどのトップセールスでも、こんなことを思うのか？」

と内心ホッとしたものです。トップセールスの人は、仕事も余裕で、自信満々な人が多いと思っていたのですが、そんなすごい人でも、スランプに陥っている自分と同じような不安を抱えていると知ったからです。

冷静になって考えれば、仕事ができる人ほど、周囲からの期待も大きくなるため、プレッシャーに押し潰されそうになるのも確かに理解できる気がしました。

少し安心した僕は、そこでふと疑問に思いました。では「飛島さんと僕は何が違うのか？」。同じような見えない不安を抱えているのに、成果には雲泥の差がある。

僕は飛島さんに質問をしてみました。

「どのようにして不安な気持ちを克服しているのですか？」

飛島さんは、こう答えました。

「不安な気持ちを行動力に変えるねん」

具体的には、飛島さんは日曜日の夜は外出をせず、自分の不安と向き合う時間にしているとのこと。自分が直面している問題、抱えている不安を全て紙に書き出し、それに対して、どのような行動を取るべきか「ＴＯＤＯリスト」を作成しているのだそうです。

さらに飛島さんが口にした、この一言が、当時スランプに陥っていた僕を救いました。

「結局、変えられるのは自分の行動だけやねん」

衝撃的な一言でした。

なぜなら、冒頭で述べたように、当時の僕が抱えていた悩みは、

「今月もノルマ達成できるだろうか？」

「上司に怒られたりしないだろうか？」

「ミスをしないだろうか？」

であり、これらは全て成果や他人の言動から発生する不安から来るものでした。しか

し、成果や他人というのは、自分が100%努力しても変えられないかもしれない。いわゆる完全にはコントロールできない「不確実なもの」なのです。

メンタルがそういう不確実なものに依存していると、どうしても不安定になります。僕は、自分の力では変えられないことに囚われて空回りしているんじゃないだろうか、とそのとき初めて気づかされたのです。

一方、飛島さんは成果や他人よりも、自分自身が着実に「TODOリストを実行できているか?」にフォーカスしていました。**自分自身ができることに集中できている**のです。

思えば僕は、仕事に対する漠然とした不安と向き合っていませんでした。暗い気持ちになるからです。

不安と向き合うことは苦痛なことでもあります。ポジティブシンキングが大切と考えて、ネガティブなことは敢えて考えないようにしていた傾向があったようにも思います。

仕事にまつわる「不安」がどんどん消える!

その日の夜から、僕は自分の不安と向き合ってみました。手近にあったA4の用紙に、かたっぱしから、今ある不安を書き出していったのです。

決して楽しい作業ではありませんでしたが、頭の中が整理され、やるべきことが明確になっていくような気がしました。そのとき、実際に書き出した内容は次の通りです。

悩み、不安なこと

・売上が上がっていない↓取り組む商品を変える、電話外交件数を1日20件増やす
・お客様のアポイントが入っていない↓手紙を1日3枚書く（筆ペン・巻紙）
・朝起きられない↓朝風呂に10分浸かる
・課の中で仲間外れにされてしまうかも↓まずは自分から挨拶をすることを始める
・A社の大口案件を取り損ねてしまうかも↓上司に相談して、支店長に同伴して

もらう
・B社の案件を取り損ねてしまうかも↓週末の金曜日に専務のT様に電話する
・C社の案件を取り損ねてしまうかも↓提案書作成にすぐに取りかかり、途中経過を一度経理部長に見てもらう

頭の中にある不安を書き出したら、自分なりの解決法をその下（横）に書いていきます。たったこれだけのワークで、気持ちがずいぶん軽くなっていったことを、今でも鮮明に覚えています。

それだけじゃない！「紙1枚ワーク」が秘める3つのチカラ

そしてさらに、3週間もすると、この作業は不安な気持ちが消えるだけでなく、次のような効力もあることがわかってきたのです。

1つ目の効力は「行動が早くなる」ということ。やるべきことが明確になった僕は、時折見えない不安が襲ってきても、行動に迷いがなくなりました。「自分に必要なことはこれだけだ！」と自分の行動だけに集中することができるようになり、外部の声に惑わされることがなくなったのです。

例えば出社すると、周囲から突発的な仕事が無数に降ってきます。「お客様から急にクレームの電話が入った！」「伊藤、この書類20部ずつコピーしてきてくれ！」「伊藤、この注文を流してきてくれ！」「伊藤、○○課長がお前のこと呼んでいるぞ！」など、キリがありません。

こういうことが起きるたび、席に戻ると疲弊した自分がいて、「次はどんな大変なことが降りかかってくるのだろう？」とオロオロしていたものです。そうなると、「今何をすべきか？」を忘れてしまいがちで、「とりあえず皆と同じようにパソコンとにらめっこしよう」と場当たり的な行動を取りがちになるのです。

そんなときも、ＴＯＤＯリストが机の真ん中に置いてあると、席に戻るたび、「何をすべきか？」が思い返されます。自分のやるべきことに集中でき、外部からの突発的な仕事にも惑わされなくなるのです。

2つ目の効力は「主体性が身につく」ということ。自分から考えて行動できるようになります。一つひとつの行動が、自分で考えた行動であるため、迫力や力が生まれます。目つきも力強くなってくるのです。

以前の不安で頭がグルグルと回っていた頃の僕は、見えない不安に怯え、縮こまっていました。行動にも特に自分の考えはなく、上司に怒られないよう、上司から言われるがままに動いて、皆と同じように振る舞っているだけでした。

時折、別の上司から「なぜ今、お前はその仕事をしているのだ？」と聞かれても「〇〇課長に言われたからです」とか「皆がやっているから、やっています」という情けない返事しかできないでいました。

しかし、ワークシート作業後の僕は、一つひとつの行動に自分の考えがあるため、「自分で〇〇したいと思って、これをやっています」と答えられるようになりました。当然、このほうが、上司にも頼もしいと思ってもらえます。

3つ目の効力は「成長ができる」ということ。考えた上で取った行動はうまくいってもいかなくても、「なぜこのような結果になったのだろう」と反省がなされるものです。なぜなら、自分で考えて取った関心のある行動だから。そして次の行動に確実に活かされるのです。

僕はこの積み重ねて得た経験が、自分にとっての最強の武器になったと考えています。反対に、以前までの「上司に言われたから」「皆がやっているから」が理由の行動は、うまくいかなかったとき、「上司が間違っていた」や「皆が間違えていた」で完結してしまい、次の行動に活かされることはありませんでした。これではいつまで経っても成長が起きないのです。

そして成績急上昇。ついに上位2%へ

このような紙1枚でできる簡単なワークを、毎週末の日曜の夜やっておくことで、僕の行動は早くなり、主体性が身につき、また急速に成長できるサイクルに入りました。

それまで同期に遅れをとっていた僕は、徐々にスランプから抜け出し、次のようなワークシートを書くようになり、結果として、同期トップ10位に入る営業成績をその後6年間継続できるようになったのです。

悩み、不安なこと

・社内留学制度に選抜されないかもしれない↓悔いの残らないよう全力で走りきる
・顧客基盤が拡大していない↓1日5件新しいお客様先へ訪問する
・D様への提案が不十分かもしれない↓顧問税理士に提案書を確認してもらう

スランプ期に陥っていたときのワークシートは、怒られる不安から来る低次の悩みばかり書いていました。それに対して、成績上位2%入りしたときのワークシートは、「こんな自分でありたい」という自己実現の欲求から来る高次の悩みに変わりました。

僕自身のドン底から這い上がった経験から、この「不安」を「行動力」に変えるワークは誰にでもできて、効果は絶大であると確信しています。

また、このワークは営業職に限らず、どんな仕事でも、仕事に限らずプライベートでも活用できます。たった1枚の紙に一人静かに向き合うだけで、不安が消えて、行動力が高まり、どんなときでも成果が出せる一生モノの習慣が身につくのです。

今回のコロナ禍で、ビジネスのスタイルが大きく変わりつつある今、変化を模索しながらも、漠然とした不安や焦りを感じている方も多いのではないでしょうか。僕もそんなビジネスパーソンの一人であり、今も日々紙1枚のワークを実践し続けています。

そんな中にもかかわらず、この本を手に取ってくださった皆さんに、少しでもお役に立てる内容になっていると嬉しいです。さっそく、ページをめくってみてください。

令和2年9月

伊藤 達馬

目　次

1枚で動け　目次

準備編

PART 1

紙1枚のワークで運命が変わる！

準備編

PART 2

3つのステップでどんどん動く!

準備編

PART 3

こんな思考習慣は今すぐ捨てる！

実践篇

STEP 1

不安の正体をはっきりさせるために

紙に書き出す

実践篇

STEP 2

解決策を考えるために

TODOリストを作る

実践篇

STEP

3

実行するために

とにかく行動あるのみ！

準 備 編

PART

1

紙1枚のワークで運命が変わる!

仕事ができるかどうかは、メンタル次第

不測の事態にどう反応するか?

会社には、2パターンの人しかいません。「仕事のできる人」と「仕事のできない人」です。そして、野村證券では「仕事ができるか?」が全てでした。優しくてイケメンでも、仕事ができなければ無価値。ブサイクで性格が悪くても、仕事ができれば価値の高い人。厳しい話ではありますが、これは変えようのない事実です。

そんな環境下で生き残るために、僕は周囲の「仕事のできる人」の行動習慣をひたすらマネして、そうなれるように努めてきました。8年間で、700人以上の「仕事のできる人」と「仕事のできない人」と一緒に働いてきたのですが、やがて自分なりにその両者の特徴を明確に区別できるようになりました。

では、両者の一番大きな違いは何か。

地頭の良さ？

仕事の能力一般？

向上心などの心構え？

コミュニケーション力？

いくつか考えられますが、結論からお伝えすると、両者の最も大きな違いは、その人の持つメンタルなのです。

「仕事のできる人」はメンタルコントロールが上手で、不測の事態が起きても、適切な行動を取り続けられる強いメンタルを持っています。一方、「仕事のできない人」はメンタルコントロールが苦手で、不測の事態が起きると、適切な行動が取れなくなってしまうのです。

たとえ能力が高く、向上心が高い人であったとしても、メンタルがコントロールできないと、行動力がどんどん落ちるので、仕事がうまくいきません。そうやって辞めていく残念な人をたくさん見てきました。

できる人のメンタルと行動

「仕事のできる人」の代表例は、本の冒頭でもご紹介した、飛島さんです。寮で隣の部屋に引っ越してきて、僕に紙1枚のワークを教えてくれた人です。

飛島さんは野村證券の社員なら誰でも知っているほど優秀な先輩でした。僕は幸運にも5カ月間、職場で飛島さんの近くの席にいたため、その一挙手一投足を徹底的に観察して学びました。

声は大きくハキハキしており、行動習慣はどこをとっても一流。勉強になるところばかりでしたが、中でも特に印象的だったのが、問題が発生したときの対処法です。

ある日、隣に座っていた飛島さんの顔が一気に青ざめました。原因は、直近でお客様に購入頂いた商品の悪いニュースが入ってきたからです。飛島さんは「まずい！まずい！」と言いながらも、すぐに状況を正確に把握して「お客様に報告しなきゃ！」と言って、お客様のところに飛んで行きました。その後も、お客様の反応も含めて、上司に迅速に報告をしていたのです。

僕は「お客様にさぞ怒られたであろうな」と心配に思いながらも、飛島さんに「大丈夫でしたか？」と聞いてみました。飛島さんは**「大丈夫。当然、お客様にとっては不快な情報だから怒られたりもしたけど、ほったらかしにしたらもっと大変なことになる。悪いニュースほど、早く報告しないといけない」**と話してくれました。

飛島さんは常に長い目線で考えていて、お客様に対しても上司に対しても、恐怖心を乗り越え、素早く行動に移す人でした。目の前の不安や恐怖心から逃げ出さずに、適切な行動を取れる人は、継続的にハイパフォーマンスを出すことができるのです。

できない人のメンタルと行動

反対に「仕事のできない人」の代表例として頭に思い浮かぶ人もいます。その人は、先輩であるにもかかわらず、月間売上は常に僕の10分の1以下。同職種内でも常に下位2％に位置していました。

一度、その先輩が上司に激しく叱られている場面に遭遇したことがあります。しばらくしたあと、その上司が僕のところに来て「彼のことで、相談したいから今晩メシに付き合ってくれないか？」と誘われたことがあります。

相談の中身は「彼がお客様から信用されていない。どうしたらよいと思うか？」という内容でした。

話を聞くと、前日の夜に彼が担当しているお客様から上司宛に、「担当者を変えてほしい」というクレームの電話が来たのだそうです。どうやら、値下がりした商品のフォローを、適宜お客様に行っていなかったとのこと。「商品を買わせるだけで、フォローがなかった！」という不満の声だったのです。

上司が「なぜフォローを行わなかったのか？」と問いただしたところ、その先輩は、しばらく黙ったあとに**「値下がりしていた状況を伝えるとお客様が怒り、より関係が悪化すると思ったからフォローできませんでした」**と発言したそうです。先程の飛島さんの行動習慣とは正反対です。

この先輩の場合、本来フォローすべきであるとわかっていながらも、「今の状況をお客様に伝えたら怒られてしまう」といった恐怖心や「関係が悪化してしまうのではないか？」といった不安に襲われて、適切な行動が全く取れていないのです。こういうことが続くと、お客様からの信用は損なわれ、結果として売上もどんどん下がっていきます。

このように、不測の事態が起こったとき、どのような行動が取れるかで、結果は大きく変わります。その鍵を握るのがメンタルです。

何か問題が発生したとき、対処する行動を促す働きをするメンタルを持っているか、損ねる働きをするメンタルを持っているかで、行動に大きな違いが出るからです。極端なことを言うと、どんなに能力が高くても、行動できなければ、結果を出すことはできません。

結局、仕事ができるかどうかは、メンタル次第。そしてそんなメンタルをコントロールする簡単な方法が、「紙1枚のワーク」なのです。

入社後3年間でだいたい決まる

ここで成果が残せるかどうか

本書でご紹介するワークは、誰でもいつでも始められるものですが、できれば僕は若いうちにこうした習慣を身につけておくことをお勧めします。

「入社後3年間で会社人生は決まる」という教えが野村證券にはあります。この教えは30年以上にわたり社内で言われ続けているものです。それくらい入社後の3年間をどのように過ごすかは大切なのです。

事実、入社後3年間で成果を残せた人は、その後も活躍し続けているというデータがあります。

外資金融やM＆A業界に転職して、1億円近い年収を稼ぐ人や、独立して大きな会社の社長になる人もいます。社内に残った人も出世コースに乗り、海外留学を経て、国内外問わず大きく活躍し続けている人が多いです。

直属の上司も**「自分の会社における功績を大砲の飛距離と考えてみろ。入社後の3年間で大砲の発射台の角度が決まるぞ」**と口酸っぱく言っていたのをよく覚えています。

また、このことはＤＩＣ（旧大日本インキ化学工業）元社長の中西義之氏も「入社して最初の3年間は社会人として自立するための基礎を作る期間。この期間をどう過ごしたかによって、その後の仕事のスタイルが決まる」と述べているように、業界や業種職種に関係なく重要だと言えるでしょう。

特に最初の1年はストレスだらけ

そして、入社後3年間の中でも、とりわけ最初の1年間が最も大切であると僕は考えます。なぜなら最初の1年間が環境の変化に対して最もストレスを感じやすく、多くの挫折を経験して、メンタルが傷つきやすい時期だからです。

学生から社会人になると、環境は一変します。

起床時間
人間関係
住む場所
責任感

物理的な環境のみならず、精神的な面でも環境は大きく変わります。そのため、誰しもがストレスを感じやすく、メンタルが不安定になりやすい時期なのです。新しい環境に適応できないままでいると、人によってはうつ病、またはそれに近い状態になったり、そのまま辞めていったりしてしまう人も多いです。

野村證券の若手社員でもそうでした。新年度の4月になると、毎年600名前後の目をキラキラさせた新入社員が入社してきます。入社してきたときは、全員が期待とやる気に満ち溢れた顔つきで、先輩社員たちも背筋が正される思いになります。

僕は自分の入社式のことを今でも昨日のことのように覚えています。600名の同期は、有名大学の体育会出身者が多く、カラダが大きく頑丈そうでした。目つきは自信があり能力が高そうな人ばかりに見えました。

入社後の研修では一人ひとりが自分の決意を同期の前で発表する「所信表明」が行われます。所信表明では、「証券業を通じて、世の中を変えたい！」や「トップセールスになって活躍したい！」などとモチベーション溢れる発表をする同期ばかりで、僕自身は圧倒されていました。

「すごい会社に入ったな」と思う反面、**「こんな優秀で、モチベーションが高い人たちの中で僕はやっていけるのだろうか？」**と不安になる気持ちもありました。また**「皆が優秀そうで、差がつくとしたら何なのだろう？」**と疑問に思いました。

問題に向き合って乗り越える「強いメンタル」を作る

そんな「新しい風」を社内に吹き込んでくれる新入社員ですが、5月のゴールデンウィーク明け頃になると、当初のキラキラさを失い、顔が曇ってくる人たちが増えてきます。

話を聞いてみると**「なかなか成果が上がらない」**という人もいれば**「怒られてばっかりで僕はダメな人間だ」**という人もいて、現実の厳しさに、入社当初のやる気と自信を完膚なきまでに打ち砕かれます。

ここで一定の割合の人は現実逃避したり、辞めていったりすることになります。本来はやる気に満ち溢れた優秀な人たちが、そのような理由で辞めていってしまうのは残念で仕方がありません。

ではどのようにしたらよいのでしょうか。

ポジティブに考える？
良きライバルを持つ？
リフレッシュする方法を見つける？
目標を持つ？

いくつか考えられますが、何よりもまず大切なのはメンタルを強く保つことです。

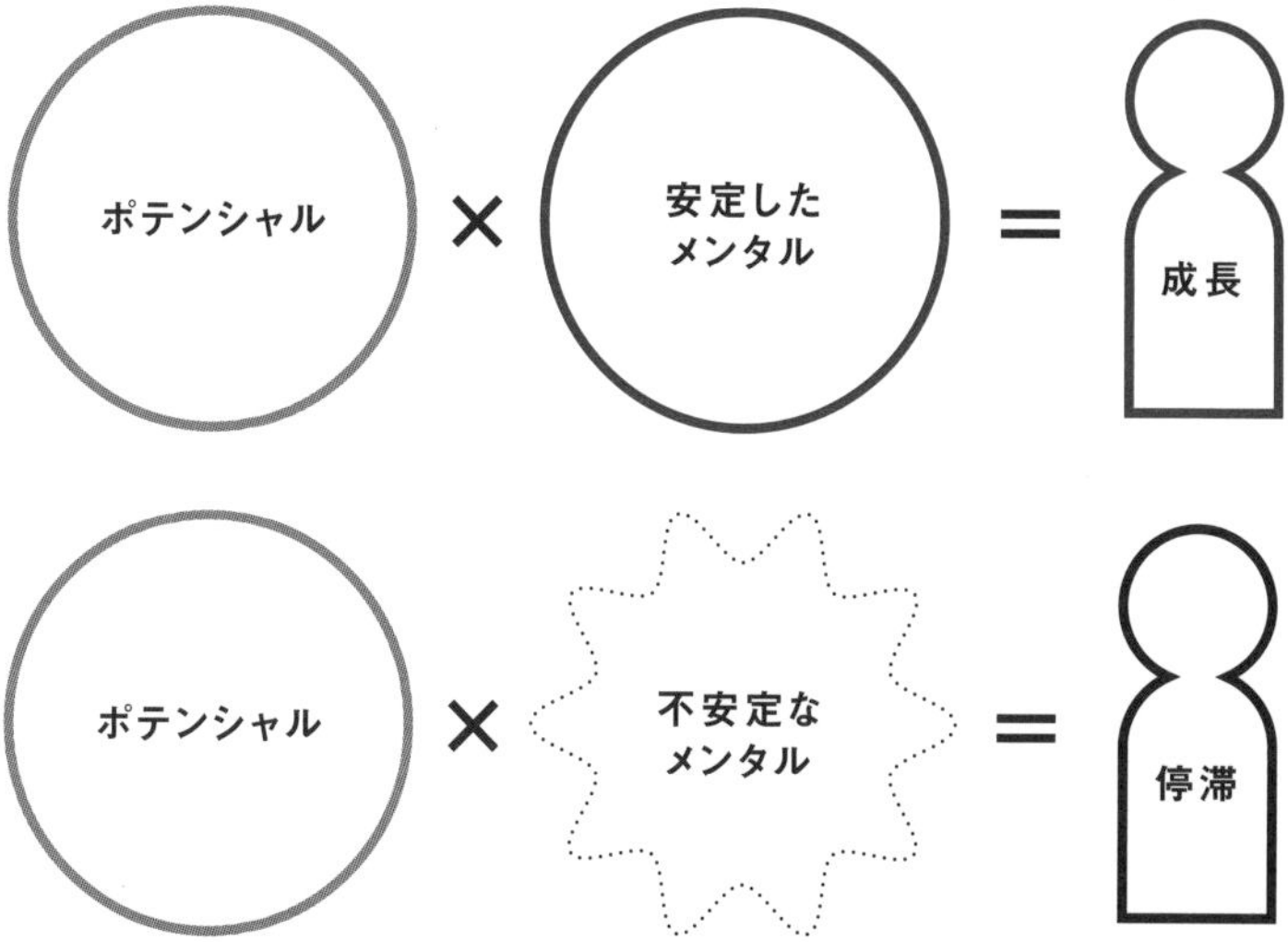

皆が優秀なとき、明暗を分けるのが「メンタル」!

不安に振り回されずに目の前の問題と向き合い、解決策を考えて、実行すれば、必ず乗り越えられます。

そして、その経験は本当の意味での財産と自信に繋がります。

入社してから3年間は、誰しも挫折の連続です。

そんなときこそ、**メンタルを強く保ち、問題と向き合える、自分なりの工夫**が大切になってくるのです。

どんな行動を取るかで成果は桁違い

3年で100倍の差がつく世界

入社したときは、皆同じスタートラインです。しかし3年後には取り返すことができないほど大きな差ができています。事実、入社して3カ月の段階では、同期社員の間で売上の差はほとんどありませんでしたが、3年後にはトップとビリでは100倍以上の差がついていました。

「ローマは1日にして成らず」ということわざが有名ですが、「仕事のできる人」も1日では成りません。毎日の行動の積み重ねの結果で出来上がるのです。そして3年間積み上げたときには、何も考えずに行動してきた人とは、もはや比べ物にならない、雲泥の差が広がっています。

そして、**そんな行動力をコントロールしているのがメンタル**です。

メンタルが人の行動力をいかにコントロールしているかを説明するために、事例を紹介します。

「クレームが怖くて行動できない」!?

僕が岐阜支店で顧客の新規開拓を任されていたときの話です。

新規でなんとか取引をしたいと積極的に営業をかけていたお客様から「伊藤という社員の営業がしつこすぎる。迷惑だから二度と会社に来ないでほしい」というクレームの電話が野村證券宛に入ってきました。上司からは二度とそのお客様のところには行かないように注意を受けました。僕はひどく落ち込みました。

「僕自身は良かれと思って行っていた営業がお客様に迷惑であったなんて…」

と自分のやっていることに自信がなくなりました。

「もしかしたら僕が今やっている営業行為は、迷惑行為なのかもしれない…」

とも考え始めました。

そのように考え始めたら、お客様に積極的に営業をかけることができなくなりました。

会話の入り口でお客様に「証券会社はいらないよ」と少し言われただけで、「わかりました」とすぐ引き下がるようになってしまったのです。

「しつこくして、またクレームになったらどうしよう…」と怖くなっていたのです。

クレームが発生した日以来、僕のメンタルは不安定になり、行動できなくなってしまいました。結果として、その後の僕の営業成績はガタンと低迷します。

結局、心が行動を決める

ある日、当時の支店長に呼び出されました。

「お前、まだあのクレームのことを気にしているのか？」

そう聞かれて、僕は、

「はい、気にしています。クレームを起こさないように慎重に営業をしています」と返答しました。

支店長はしばらく黙ったあとに意外な言葉をかけてくれました。

「よかったじゃないか。早い段階で失敗を経験できて。お前はしつこい営業と熱心な営業の違いを学べたのだよ。しつこい営業と熱心な営業の違いは紙一重だから」

と言われました。また、

「伊藤、どんどん失敗しろ！　その分だけ成長できるぞ」

ともアドバイスをしてくれました。

その言葉を聞いたときに、僕の心は一気に軽くなりました。「自分はどんどん失敗してもいいのだ」と思えたからです。

挑戦した上での失敗なら、支店長は許してくれると思えたのです。むしろ失敗を恐れて、挑戦をしていない自分のほうが格好悪いとさえ思うようになりました。

紙1枚に落とし込んでどんどん実行

確かにお客様からのクレームはショックではありましたが、一生忘れられない学びにもなりました。

その日以来、僕は「しつこい営業」と「熱心な営業」の違いは何か？を常に考えながら、仕事をするようになりました。

「どういう行動を取ったら、お客様はしつこいと思うのだろう？」

「どういう行動を取ったらお客様は熱心と感じてくれるだろう？」

を場面ごとに考えて、お客様と接するようになったのです。

ちょうどこの頃、先輩の飛島さんに教わった紙1枚のワークを使って、自分の頭の中も徹底的に整理していくようになっていきました。

気になることは何でも紙に書き出してみる。たとえ5分、10分でも、一人静かに時間をとって考えてみる。

すると、なぜかそれまでの不安や焦りが消えて、代わりに、自分が本来やるべきことがどんどん見えてくるのです。

こうして、自分の心と行動をコントロールする習慣が身につき始めた僕は、自分が考える「熱心な営業」を次々と行動に移せるようになりました。

まさに**「1枚で動け」**です。

行動が伴った結果、その1カ月後に僕は、野村證券が始まって以来の快挙となる27営業日連続で新規のお客様から新しい契約を頂くことに成功しました。

支店長からは、

「お前のようなすごい奴はこれまでに見たことがない。他の社員は伊藤の爪の垢を煎じて飲め！」

とまで言って、褒めて頂きました。本当に嬉しい瞬間でありました。

僕はこの経験から、**成果は行動力から生まれ、行動力はメンタルによってコントロールされている**ことを学びました。

そして、このメンタルと行動力をうまくコントロールして自分を鍛えていけるのが、たった「紙1枚のワーク」なのです。

PART1 まとめ

1

仕事がデキる人は、不安や焦りに振り回されず、やるべきことをやる

どう行動するかで結果は大違い！

2

大きく伸びるには、いち早くストレスやプレッシャーへの対処を学ぶ

能力より行動習慣で差が開く！

3

どんなときも、状況に適した行動を取れば、結果はついてくる

心が行動を決めて、行動が結果を決める！

準備編

PART

2

3つのステップで どんどん動く!

1枚で動く
STEP
1

不安の正体をはっきりさせる

紙に書き出して可視化してみよう

前章でお伝えした出来事をきっかけに、「1枚で動く」ことを始めた僕は、見事スランプから脱出し、その後、成績上位2％まで上り詰めることができました。

とはいえ、たった紙1枚のワークで本当にそんな劇的に良い結果が出せるのだろうか、と疑問に思う読者の方もいらっしゃるでしょう。そこで本章では、このワークの流れをざっとご紹介しながら、その効果について述べていきたいと思います。

メンタルを強く保ち、パフォーマンスを上げる。そのために、まず必要なことは、あなたを悩ませている不安の正体をはっきりさせることです。

不安は目に見えないため、頭の中だけで考えていると、無限ループのように何度も浮かび上がってきます。するとその不安な気持ちはどんどん膨れ上がり、強大でパワフルなものに感じられてしまうのです。

それを避けるためにも、不安を可視化し、正体をはっきりさせることが大切です。「敵を知り己を知れば百戦危うからず」という孫子の格言があります。「自分の状況と、敵の状況を正確に把握していれば、必ず勝てる」という意味ですが、この格言はメンタルを強くすることにも応用できます。不安の正体をはっきりさせることは、自分を困らせている不安（敵）を知り、己を知ることにも繋がり、不安を克服する一歩になるからです。

要は、客観的に状況を判断することが大切であるということです。不安なときこそ、自分のことをなかなか客観的に見られないので、この教えが大切になります。

例えば、野村證券の社員は常に売上達成ノルマのプレッシャーと闘っていました。毎週、日曜日の夕方頃になると**「明日から仕事だ…」**と憂鬱な気持ちになったり、**「今月は売上目標達成できるだろうか…」**と不安な気持ちに駆られたりする人が多かったのです。

このようなときに、頭の中だけで悶々と考え込んでいると、憂鬱な気持ちは増大していきます。人によっては、朝起きるのがだるくなったり、会社に行くのが嫌になったりします。こんな状態が続くと、前向きに仕事をすることは困難になり、結果としてパフォーマンスも落ちてしまうのです。

ツライことストレスに感じること、とにかく全部！

このような状況を回避するためにも、試して頂きたいのが「不安を紙に書いてしまう」という方法です。

簡単でも効果は絶大のため、非常にお勧めです。書き出すときのルールはたった一つ、**「何でも、躊躇なく書いてしまう」**ということだけです。例えば次のようなイメージで、書き出します。

・〇〇課長が怖い
・今月は売上を達成できるだろうか
・明日までにプレゼンの資料を準備しないとまずい
・新しい課のメンバーと仲良くできるだろうか
・同僚の〇〇がムカつく

ポイントとしては、仕事に関することだろうが、プライベートに関することだろうが関係なく、思いつくままにひたすら書いてしまうことです。不安なことだけでなく、ツライこと、ストレスに感じていることも全て書き出します。とにかく自分の頭に浮かんだネガティブな感情を全て書ききってしまうのです。

そうすることで、今まで無限ループのように頭を悩ませていたネガティブな感情が全て目に見える形となり、ごちゃごちゃしていた頭の中がキレイに整理されます。

またやってみるとわかりますが、この書き出すワークを何十分も続けられる人はまずいません。**たいてい2〜3分程度で全てを書き終えてしまいます。**不安の大きさに大小はありますが、数にしてみると大したことはないのです。

僕自身も毎週末、この不安を書き出すワークを行っていますが、書き出すと「何だ、この程度か」といつも思います。この感覚がとても大切なのです。それまで不安の無限ループを彷徨《さまよ》っていた自分でも、書き出すことで「意外と簡単に解決できるかも」と気づかされるからです。この客観性を持つことが大切なのです。

それって、本当に悩む価値あり？

不安を全て書き出したら、次に不安のグループ分けを行います。詳しくは後述しますが、大まかには、「消せるストレス」と「消せないストレス」の2つに分けます。

先程の例で言うと、

・明日までにプレゼンの資料を準備しないとまずい

のみが**「消せるストレス」**です。自分の努力で解決することができます。

そして残りの4つ、

・〇〇課長が怖い
・今月は売上を達成できるだろうか

・新しい課のメンバーと仲良くできるだろうか
・同僚の○○がムカつく

は全て**「消せないストレス」**です。これらの結果は、相手や状況次第です。

ここで「どんなに努力しても解決しない」と悩み始めてしまうと、思考も行動も悪循環に陥っていきます。できる限りのことをしたら、あとはそれで良しとする。そんな潔さも必要になってきます。

グループ分けを行うことで、不安な気持ちに苛《さいな》まれていた自分を客観的に見つめられるようになります。「悩んでも仕方のないことに、いかに悩まされていたか？」を知ることができるのです。

1枚で動く
STEP
2

解決策を考える

「どうすればいいかわからない」!?

不安の正体がはっきりしたら、メンタルを強くするために、次に必要なことは、解決策を考えることです。解決策が明確になり、「自分のするべきこと」がはっきりすれば、気持ちは落ち着き、良い集中力が戻ってきます。

メンタルが弱く、不安な気持ちに苛《さいな》まれている人は「何をしたらいいかわからない…」という状況であることが多いです。逆に言えば**「自分のするべきこと」が明確になれば、迷いはなくなり、メンタルは安定する**のです。

会社の後輩で松本という女性社員がいました。彼女は営業のセンスが良く、すぐにお客様の気持ちをつかめる反面、不安な気持ちを常に抱えている人でした。

彼女は不安や悩みを抱えているときに、僕のところによく相談に来ました。内容は多岐にわたり、大きなことから些細なことまで何でも相談されました。

例えば、

「ファイナンシャルプランナーの試験に落ちました…私もうダメかもです…」

「お客様に買ってもらった商品がこんなに値下がりしてしまいました…」

「今月の営業成績で同期に負けて自信を失いました…」

「お客様にマナーがなってない！と怒られてしまいました…」

「同期にそんなことも知らないのか？とバカにされました…」

などなど彼女の不安にはキリがありませんでした。

彼女は人の立場になって物事を考えられる長所がある反面、人の目を気にしすぎるという短所を持っていたように僕には見えました。

また、松本が僕のところに相談に来るときは、決まって顔の表情は曇り、目はキョロキョロと泳いでいました。そしていつも不安を抱えていることに対して、「私どうしたらいいかわからないです…」という状況でした。

第三者である僕から見れば、**「そんな悩み、やることは一つじゃないか！」**と客観的に見られるのに対して、彼女は自分のことなので、過度に悲観的になり、とても客観的に状況を見れている状態ではありませんでした。

そんなとき僕はいつも「うん。うん。」と話を聞きながら、彼女がひと通り話し終わったタイミングで、「気持ちわかるよ。僕も同じだった」と共感の気持ちを示すようにしていました。彼女を冷静な状態に戻すためです。

彼女が徐々に冷静な状況に戻れたら、その後、一緒に解決策を考えていきました。

彼女の中で解決策が見つかり、「自分のやるべきこと」がはっきりすると、彼女の目つきはいつも力強くなりました。そしてその後の彼女のパフォーマンスはびっくりするほど、改善しました。

解決策を書き出して「ＴＯＤＯリスト」に

そうです。人はやることが明確になり、納得感のあるものであれば、自然と力が湧いてくるのです。

ポイントとしては、解決策も紙に書き出すことです。

例えば、次のように書き出していきます。

「ファイナンシャルプランナーの試験に落ちました…私もうダメかもです…」

↓次の試験に向けて1日1時間勉強する

「お客様に買ってもらった商品がこんなに値下がりしてしまいました…」

↓お客様訪問して状況報告する。その後、上司に報告する

「今月の営業成績で同期に負けて自信を失いました…」

↓優秀な同期から成果が出ている方法を学んで、自分のものにする

「お客様にマナーがなってない！と怒られてしまいました…」

↓お客様を不快にさせた行動について反省して、二度とやらないように戒める

「同期にそんなことも知らないのか？とバカにされました…」

↓1日1時間、知識習得する時間を設ける

書き出したら、実行しやすいように、「TODOリスト」として別の用紙に一覧でまと

めておきます。

ここでのポイントは、**解決策を自分の行動にすること**です。確実に変えられるのは自分の行動だけだからです。

環境や相手に期待するのはＮＧ

一方、悪い例の解決策は、他人に依存したり、環境に依存したりしているものです。自分のコントロールが効かない他人や環境に期待する解決策は、期待が裏切られてしまう可能性が高いです。

例えば、

「同期にそんなことも知らないのか？ とバカにされました…」

↓バカにした同期が謝罪する

「お客様に買ってもらった商品がこんなに値下がりしてしまいました…」

↓値下がりした商品が値上がりする

これらの解決策は、他人や環境が自分の希望通りに動くという〝願望〟であって、解決策になっていません。自分のコントロールが効かない他人や環境に依存している状況は不安定です。不安定なものに依存しているとメンタルも不安定になってしまいます。

解決策を考えるときは、**「変えられるのは自分の行動のみ」**と1分瞑想してから、取りかかりましょう。良い意味で、他人に期待したり、環境に期待したりすることを諦めるのです。

よく仕事のうまくいっていない人が、うまくいっていない理由を他人や環境のせいにしているケースが散見されます。

このような心理状態で、仕事がうまくいくはずがありません。他人や環境のせいにしていると、自分の行動が変わらないからです。自分の行動が変わらなければ、結果は変わらないのです。

1枚で動く
STEP
3

実行する

必ず行動を起こすために

解決策が明確になったら、いよいよ実行に移します。

ここで大切なことは、計画を頓挫させない工夫をすることです。解決策の中には、勇気を必要とする行動であったり、労力を必要とする行動であったり、行動を起こすことが億劫になるものがたいてい含まれています。

最初の段階でつまずくと、**「やっぱり自分はダメだ」**と思いがちで、メンタルが不安定な状況に戻りかねません。

それを避けるためにも、まずは簡単な解決策から実行して、徐々に難易度の高い解決策に取り組んでいきましょう。

そのために、解決策の順位づけを行います。

自分にとって簡単にできそうな解決策から、レベル1、レベル2…と順位づけをしていきます。

最も大変そうな解決策をレベルMAXとしてください。

簡単なものから順位づけ

例えば、

「ファイナンシャルプランナーの試験に落ちました…私もうダメかもです…」
↓次の試験に向けて1日1時間勉強する　**レベル3**
「お客様に買ってもらった商品がこんなに値下がりしてしまいました…」
↓お客様訪問して状況報告する。その後、上司に報告する　**レベルMAX**
「今月の営業成績で同期に負けて自信を失いました…」
↓優秀な同期から成果が出ている方法を学んで、自分のものにする　**レベル4**
「お客様にマナーがなってない！と怒られてしまいました…」
↓お客様を不快にさせた行動について反省して、二度とやらないように戒める　**レベル2**

「同期にそんなことも知らないのか？　とバカにされました…」
↓1日1時間、知識習得する時間を設ける　**レベル1**

という形で順位づけを行います。

レベル1の簡単な解決策から行動に移し、自己肯定感を高めていきましょう。レベル1の解決策、レベル2の解決策を実行していくうちに、徐々に自信が培われ、「この調子で次のレベルの解決策もできそうだ」と勢いづいてくるはずです。

雪だるまが坂道を転がり落ちるにつれて、勢いを増すのと同じで、解決策の実行も最初が肝心です。簡単なものから片づけて、自分自身を勢いづかせましょう。

それでもうまくいかないときは？

それでも、どうしても行動に起こせない解決策に遭遇することもあります。

そんなときは、後回しにしましょう。別の解決策に取りかかっているうちに、何かヒントが得られるかもしれませんし、**とにかく立ち止まらず、行動し続けること**が大切です。

また、自分一人では困難に思える解決策に対峙したら、**積極的に第三者の力を借りま**

しょう。一人では大きなことは成し遂げられず、難易度の高い解決策ほど、第三者の力を必要とすることが多いです。

一つ前の項目で、第三者に期待するべきでないと書きましたが、自ら働きかけて、第三者の力を借りることはそれとは全く異なるものです。単に第三者に期待したり、依存したりするのと、自ら働きかけて第三者を巻き込んでいくのでは主体性が全く異なるからです。

1日の時間は有限です。ときにさまざまなハードルに阻まれて「レベル4までは達成できたけど、レベル5以降はできなかった」という日もあると思います。そんなときはレベル4まで達成できた自分自身を褒め称え、実行できなかった行動は、**「なぜできなかったのか?」**を考えて、明日の行動に活かしていきましょう。

このように、不安な気持ちに襲われたときは、まず「①不安の正体をはっきりさせて」、次に「②解決策を考えて」、最後に③「実行に移し」ます。

この3つの手順さえ守れば、いかなる不安が襲ってこようと、あなたは「どうしたらいいかわからない…」という困惑した状況から脱出し、直面している課題に対して、自ら考え、自ら働きかける最強のビジネスパーソンへと生まれ変わります。

PART2 まとめ

1

気になることは何でも、紙に書いて可視化してしまう

漠然とした不安や焦りの正体がわかる！

2

解決するためにどう行動するか、TODOとして一覧に

やるべきことが見えると力が湧いてくる！

3

決めたら行動あるのみ。できそうなことから即実践

やればやるほど自信がついて勢いが出る！

準備編

PART

3

こんな思考習慣は今すぐ捨てる！

悪い
思考習慣
1

ポジティブ思考が大切と考えている

誰もがよく耳にする言葉だけれど

ここまでざっとお伝えした通り、「1枚で動く」方法を身につければ、メンタルを強く保ち、行動はどんどん早くなり、仕事のできる人に変わっていくことができます。

そして、具体的なワークに入る前に、本書ではもう一つ、皆さんにお伝えしておきたいことがあります。それは**日頃から、メンタルを弱く不安定にしてしまう思考習慣を避ける**ということです。

野村證券に在職中、一緒に働く多くの人を観察した結果、実は真面目な人ほど、こうしたワナに陥りやすいように思います。読み進めて頂くと、皆さんの中に心当たりのある方も多いのではないでしょうか。

では、さっそく見ていきましょう。

あなたは会社や学校で、ポジティブ思考を強要された経験はないでしょうか？

「いつも笑顔でいなさい」
「ネガティブな発言をするな」
「嫌なことがあったら、すぐに忘れてしまいなさい」
「暗いこと考えずに、もっと明るいこと考えようよ」

皆、何かしら似たような言葉を言われた経験があるかと思います。こういった発言からわかるように、多くの人が**ネガティブな思考や発言を悪いものだ**と考え、自分自身がネガティブにならないように気をつけています。

多くの人はポジティブ思考が大切であると考えているし、そのほうが物事はうまくいくと考えているのです。

では、はたしてポジティブ思考だけで、本当に物事はうまくいくのでしょうか？

僕はそうは思いません。

ときにネガティブな思考（不安や悩み、ストレスなど）と向き合い、対策を考えるからこそ、直面するさまざまな壁を乗り越えられるのだと思います。根拠のないポジティブ思考だけでは、現実に直面するさまざまな問題を乗り越えることはできません。

ネガティブなことに向き合えなくなる

野村證券にも、ポジティブ思考が大切と考えている人はたくさんいました。「明るい未来を語って、株式を売ってこい」とよく上司に言われていたことを今でも覚えています。

年次の近い先輩で村井さんという人がいました。

村井さんもポジティブ思考が大切であると考えていて、後輩である僕に対しても、「何事もポジティブに考えろ」といつもアドバイスをくださっていました。

村井さんとは席が近く、年齢も近かったため、毎月の営業計画書を一緒に作って、見せ合っていました。ところが、村井さんの営業計画書には、いつもポジティブな数字目標が書かれていたにもかかわらず、その目標を達成しているのを僕自身は一度も見たことがありませんでした。

村井さんの営業計画書は、一見すると高い数字目標が自分で設定されていて、やる気溢れる計画書のように見えます。しかし、行動計画までもが楽観的すぎて、本当にこれで達成できるのだろうか？と不安に思ってしまう内容のものでした。

具体的には、対象先が明らかに少ないですし、想定成約金額と想定成約確率が希望的に高すぎるように見えました。

僕は**「本当に、こんなに少ない対象先で大丈夫でしょうか？」**や**「こんなに大きな金額で、こんなに成約する確率はあるのですか？」**と疑問に思ったことを質問しました。

村井さんにとってはネガティブな質問をたくさんしたため、「ネガティブなことばかり考えていると、達成できなくなるぞ！」と叱られました。

「いいか、伊藤。高い目標でも、できると思えば、できるのだ」とも言われていました。

うまくいかなくなると思考停止に

村井さんのこの発言から気づいたことは、村井さんは意識的にネガティブなことは考えないようにしていたことです。

実際には、村井さんでも「本当に達成できるか？」と不安になることもあったかと思います。しかし、ポジティブ思考が大切と考えて、不安などのネガティブな感情とは向き合わないようにしていたのでしょう。

ところが、不安と向き合わないと、対策を考える機会はなく、村井さんの行動が変わることはありません。行動が変わらなければ、結果が変わることはないのです。

根拠のないポジティブ思考だけでは、現実に立ちはだかるさまざまな問題を乗り越えることはできません。

反対に僕の営業計画書は、悲観的なケースをいくつも想定して、作成していました。**「こうなったケースは、ああしよう」「そうなったケースは、こうしよう」**などと悲観的なケースをいくつも妄想していました。その上で、不安なことを一つひとつ消すために対策となる行動計画を立てていたのです。よって、思い通りにならないケースが発生しても、僕自身が慌てることはほとんどありませんでした。

村井さんの営業計画書は、物事がうまくいく前提で、全ての計画が作られているため、思い通りにならないケースが発生すると、**「どうしていいかわからない…」**という思考停止状態に陥りやすかったのです。

目標未達で上司に怒られると、いつもオドオドしたり、ひどいときには体調を崩したりしていました。うまくいかなかったときのケースを想定していなかったので、自分の中で全ての計画が崩れてしまったのでしょう。ネガティブなケースも計画段階で想定していれば、そんなふうにはならなかったと思います。

ポジティブ思考が大切と考えているだけでは、メンタルはかえって不安定になるのです。

悪い思考習慣

2

周囲の目ばかりを気にしている

結局、他人に振り回されてしまう

あなたは周囲の目ばかりを気にして生きていませんか？
次のことに該当する人は注意が必要です。

会社で周りの人よりも早く帰るのは気がひける
会議で、周囲の目が気になり、自分の意見をはっきり述べられない
職場で「ダメな奴」と思われていないか常に不安
皆に好かれたい
「すみません」といつも言っている
SNSで「いいね！」の数が少ないと不安になる

該当するものが多ければ多いほど、あなたは他人の評価軸で生きている傾向が強いです。

僕の経験則では、優しくて場の空気を読もうとする、いわゆる「いい人」ほど、周囲の目を気にする人が多かったです。

「いい人」は自分の気持ちより、相手の気持ちを優先します。自分のやりたいことや言いたいことは飲み込み、我慢することが多いので、ストレスが溜まりやすくなります。また、周囲に合わせてばかりいるので、外的な要因で気分が浮き沈みします。

しかし、よく考えてみてください。

職場やお客様には、異なる性格や多種多様な考えの人がいて、その人たちの発言に振り回されていては疲弊してしまうのです。

100人以上の参加者の要望を叶えるには？

野村證券の年次の近い後輩に黒田さんという女性がいました。

彼女は優しく、自分の気持ちより、他人の気持ちを優先する人でした。

他人目線（お客様目線）で考えられるため、営業ウケが良く、高い成果もあげていました。その反面、他人の気持ちばかりを優先するため、いつも疲弊していて、体調を崩してしまうことも多い人でした。

野村證券の支店では、年に2回の転勤発表があり、その日の夜に送別会を行います。

僕と黒田さんが、二人で送別会の幹事を任されたときの話です。

幹事を任されると、多くの諸先輩方から、さまざまな要求をされます。

「スピーチの順番で私を最後にしてほしい」

「A課長への贈る言葉には、BさんとCさんを指名してほしい」

「食事は和食にしてほしい」

「二次会の会場はカラオケでなく、居酒屋にしてほしい」

などなど、100人以上が参加する送別会であったため、参加者の要求もさまざまで、予算の範囲内で全てを叶えることは到底できませんでした。参加者から要求される都度、僕は**「可能な限り希望を通します」**とだけ返事していました。

気にすればするほど疲弊していく

もう一人の幹事である黒田さんと、送別会の詳細を詰めるため、話し合いの場を設けました。

黒田さんが頭を悩ませていたことは次のようなことでした。

「D先輩からは和食にしてほしいと言われているが、E先輩には洋食にしてほしいと言われている…」

「送別されるA課長は二次会のカラオケが好きだけど、多くの女性社員はカラオケが嫌いで二次会の参加率が下がる…」

「A課長へのスピーチメンバーの中に、Fさんを入れないと、後々カドが立ってしまうが、時間の都合上厳しい…」

などなど、一人でも多く参加者の希望を叶えようと試行錯誤していました。

「どうしたらいいと思いますか？」と僕自身も黒田さんに意見を求められたため、「全員の希望を叶えることが不可能である以上、主役はA課長であるから、A課長を中心に考えたらいいと思う」と言いました。

それでも黒田さんは**「F先輩に嫌われるかもしれない…」**と不安げになっていたので、僕は少し厳しめに、次のことを言いました。

「A課長の送別会は、F先輩を喜ばすためにするのではない」

「それでF先輩に嫌われるなら、嫌われてもいいいと思う」

「文句言われたら、全て僕のせいにしていいよ」

するとと黒田さんは、

「伊藤さんは過去の出来事を知らないから、そう言えるのです。F先輩に嫌われると本当に仕事がしにくくなるのですよ！」と過去の出来事を延々と話し始めました。

挙げ句の果てには**「もう人間関係って本当にめんどうくさい…」**と勝手に疲弊していました。

僕の目から見て、F先輩はそのようなことをする先輩には見えませんでした。反対に、黒田さんが周囲の目が気になりすぎて、複雑に考えすぎているように見えました。その結果、勝手に一人で疲弊していたのです。

黒田さんはお客様に対しても、悩む必要のない些細なことまで複雑に考えすぎていたため、ついには体調を崩して、長期で会社を休む羽目になってしまいました。

周囲の目ばかりを気にしていると、メンタルは弱くなってしまうのです。

悪い思考習慣

3

成果ばかりを気にしている

実は多くの人が心を壊しがちなパターン

「数字は人格」という言葉は、野村證券の社員なら誰でも知っている言葉です。その人のあげる数字（成績）が人格を表すという意味です。稼げない人には人格すらないという厳しい意味も込められています。

野村證券に限らず、社会に出ると、厳しく成果を求められます。その環境下で、多くの若手社員は成果ばかりを求めてしまいがちになります。

同期の中でトップセールスになりたい
今月はライバルのアイツに負けたくない

会社の表彰式に選ばれる成果をあげたい
資金導入部門で全国1番になりたい

といった目標を掲げる若手社員は少なくありません。

目標を持つことは良いことですが、これらのような**「他人との比較」から生まれる目標だけをモチベーションとすることは、かえって危険**です。

なぜなら他人に勝てるかどうかは正直わからないからです。他人も勝つために必死ですし、勝者の席は一つしかないのです。

仮に100人の同期が皆、トップセールスになることを目標にしていたとしても、なれるのはたった1人です。残りの99人は夢敗れることになります。

トップセールスになることだけがモチベーションであったとすると、ここで99人は心が折れてしまうことになります。

トップセールスになれるのはほんの一握り

野村證券でも同様のことが起きていました。

入社式では、全新入社員が、同期の前で所信表明を行います。

「一旗あげたい」という競争心の強い若者が集まっていたこともあり、半分以上の同期が「同期の中でトップセールスになりたい」という所信表明を掲げていました。また、同期と話をすると「同期に勝ちたい」と競争心をむき出しにして、同期と比較することだけがモチベーションになっている人が数多くいました。

そして今となっては、同期の半分以上が競争に敗れて、モチベーションを失い、会社を辞めてしまっています。

皆が「トップセールスになりたい」と考えていても、実際になれるのは一握りです。ほとんどの人はなれないのです。それだけがモチベーションでは、心が折れてしまう可能性は極めて高いのです。

僕自身も皆と同様、トップセールスになりたいと考えていましたが、**もう一つのモチベーションが支えにありました。**

「仕事に真剣勝負する自分でいたい」というモチベーションでした。それは学生時代に「熱中できたものが何一つなかった」というコンプレックスから来ています。

ニートのように怠惰な学生生活を送っていた僕は、大学時代一度も感動を味わうこともなく、腐った毎日を過ごしていました。そんな人生から脱却して、「甲子園球児のように熱中して生きたい」と毎日のように思っていたのです。

転機の就職活動の際、職選びの基準は「情熱を注げる仕事」でした。

そのような僕が、所信表明で掲げたものは**「仕事に情熱を捧げるビジネスパーソンでありたい」**でした。他人との成果競争だけでなく、自己評価を軸としたモチベーションを実は持っていたのです。

現実社会は厳しく、頑張っても成果が出ないとき、運が悪いときもあります。そのようなときに、他人との競争モチベーションしかないと、心が折れてしまいます。

僕自身も不調で成果が出ない時期もありました。反対に数多くいる同期の中には、とてつもなく高い成果をあげる人も出てきたりします。他の同期も皆、必死だから当然です。

それでも心折れずに仕事を続けられたのは、成果以外、もう一つのモチベーションが支えてくれたからだと思います。

目先の成果よりやるべきことに集中

中には理不尽と思えるほどラッキーな出来事で、高い成果をあげる同期も出てきたりもします。自分は頑張っていても成果が出ていないときに、そういう話を聞くとやるせない気持ちになったりします。

しかし、それは長続きしません。

ラッキーなだけで、成果をあげた人は、その後必ず低迷します。その後も、成果をあげ続けたなら、それはラッキーでなく、実力であったということです。

反対に、自分だけが運悪く、頑張っても成果が出続けないということもありません。

スランプの時期であったとしても、**やるべきことを継続していれば、必ず成果は出てきます。**

スランプのときは次の言葉を思い返してください。

「何も咲かない寒い日は下へ下へと根を伸ばせ。やがて大きな花が咲く」

女子マラソン金メダリストの高橋尚子選手がスランプ期に心の支えにしていた言葉です。高橋尚子選手は結果が出ない苦しい時期も、この言葉を支えに走り続けました。スランプのときに腐らず、誰よりも練習し続けたから、日本女子陸上界初のオリンピック金メダルの偉業を成し遂げられたと言われています。

僕自身はスランプの時期にもう一つのモチベーションに支えられて、やるべき努力を継続することができました。やるべきことを継続できたからこそ、スランプ期を乗り越えられ、野村證券のトップセールスになれたと思っています。

今では多くの若手社員が**「トップセールスになる秘策は何ですか？」**と聞いてきます。
僕は**「やるべきことを継続することだよ」**と答えます。
すると彼らは期待ハズレの顔をします。

彼らの話を聞いていると、

「手っ取り早く1番になる方法を知りたい」

「伊藤さんであれば、何か他の人が知らない秘策を知っているのでは？」

「成績に直結するハウツーだけを知りたい」

という魂胆がまる見えです。

こういった若手社員ほど、成果が上がらないとすぐ心折れて、辞めてしまう傾向が強いと思います。

成果ばかりに囚われていると、メンタルは弱くなるのです。

PART3まとめ

1

「ポジティブ思考」で現実から目をそむけない

うまくいかなかったときに対処できなくなる！

2

「周囲の目」を気にしすぎない

自分の考えで動けなくなる！

3

「結果や成果」ばかり気にしない

自分の力ではどうにもならない領域もある。
そこで消耗するのはもったいない！

実践編

STEP 1

不安の正体をはっきりさせるために

紙に書き出す

紙1枚とボールペン1本を用意！

さて、ここからはいよいよ実践です。

不安の正体をはっきりさせるために、まず用意して頂きたいのが、紙1枚とボールペン1本です。

紙は白紙で無地のものが好ましいです。理由は白紙で無地のものであれば、**「何でも自由に書ける」**という衝動に駆られるからです。

絵を描くときも、白いキャンパスが目の前に置かれると、「これから自由に描きたい絵を描ける」という自由な気持ちになりませんか？

それと同じです。

よくやってしまいがちなのが、「新品の白紙を使うのはもったいないから」と考えて、メモ書きに使っていた用紙の空白スペースに書こうとするケースです。

他の関係のないものが書かれていると、気が散ったり、字が小さくなったり、自分の不安を書き出すことの障害となります。

そのときの状況にもよりますが、**ワークの所要時間は1回3分〜30分。**集中して自分と向き合うためにも、白いキャンパスのような白紙で無地の用紙を用意してください。

僕自身はコピー機のA４用紙を使うことが多いです。ボールペンは自分にとって書きやすいものであれば、何でも構いません。

まとめ

手軽でシンプルなものがイチバン！

「考えるとテンションが下がること」は全て「ストレス」である

そしてここからは、不安をはじめ、自分が今気になっていることを全て「ストレス」として書き出していきます。

「ストレスを書き出せ」と言われても、「ストレスが何かわからない」という人もいると思います。

今、自分が抱えているネガティブな感情は何なのか？


悩みなのか？

不安なのか？

焦りなのか？

嫉妬なのか？

というふうに、「自分のモヤモヤした感情が何に分類されるのかわからない！」という状態でしょう。

自分のことだからこそ、わからなくなるものです。そのようなときは、**「考えるとテンションが下がること」＝「ストレス」**と定義しましょう。例えば、

明日、会社の飲み会に参加したくないなあ
あのお客様は苦手で会いたくないなあ
今月、後輩に営業成績で負けてしまったら嫌だなあ
職場の空気が悪くて、居づらいなあ

などなど、頭に浮かぶ「考えるとテンションが下がること」は全てストレスとなります。

書き出していると気づきますが、ストレスとは一般的に逃げたくなる物事のことです。多くの人は、ストレスについて、極力考えたくもないし、可能な限り避けてやり過ごしたいと考えています。

しかし、それでは事態は良くなりません。むしろ、嫌なことから逃げていると事態は悪

化するケースが多いです。

僕が推奨するメソッドでは、考えたくもないストレスについて敢えて考えて、逃げたくなるストレスに対して、反対に立ち向かっていくことを推奨しています。それがビジネスを成功させることにも繋がると考えます。多くの人と異なる行動習慣を持つことで、成果も変わってくるのです。

僕の好きな言葉でトーマス・エジソンの、

「人から批判されることを恐れてはならない。それは成長の肥やしとなる」

という格言があります。

僕自身はエジソンの格言の「批判」の箇所を「ストレス」に置き換えて、

「ストレスから逃げてはならない。それは成長の肥やしとなる」

と常に考えて、仕事に取り組んできました。ありのままのストレスを受け入れ、それを乗り越えることに成長の鍵があると考えています。

まとめ　悩み、不安、焦り…。ネガティブなことに立ち向かう

静かなプライベート空間で1分瞑想する

ストレスを紙に書き出すときは、誰もいない静かなプライベート空間で1分間瞑想してから、行いましょう。

自分の心と向き合うときは、裸の自分と向き合うことが大切です。

誰にも邪魔されずに、安心して目を閉じられる環境で行うべきだと僕は思います。人がいると、気が散るだけでなく、裸の自分と向き合うことの妨げになります。なぜなら、**人は皆、他人がいると自分という仮面をかぶる**からです。

人は皆、会社で仮面をつけています。役職や立場に応じた仮面をつけているのです。

僕自身も立場に応じてさまざまな仮面をつけていました。

新入社員のときは**「元気な若手社員」**という仮面をつけていました。プライベートでどんなに傷つくことがあっても、会社では無理をしてでも明るく振る舞っていました。なぜなら、そうすることが求められていたからです。

「新入社員のときは売上に貢献できないのだから、職場を元気にすることで会社に貢献しろ」と上司によく言われたことを覚えています。

そうです。ビジネスパーソンはお金（お給料）を貰う以上は、プロとして振る舞う必要があるのです。それが仮面になります。

課長になり、部下を持つようになってからは、**「頼りがいのある上司」**という仮面をつけていました。なぜなら、そのように振る舞うことが、当時の僕に求められていたからです。このため、「営業成績で部下に負けてしまうかも」と内心焦りを感じていたとしても、部下の前ではそのような弱みは一切見せずに、「頼りがいのある上司」を装っていました。

しかし、これらの仮面は、心の不安と向き合うときには邪魔になります。

「頼りがいのある上司」という仮面をつけたままだと、本当は「営業成績で部下に負けてしまうかも」という不安を抱えていたとしても、仮面をかぶったもう一人の自分が「頼りがいのある上司である自分が後輩に負けるなどと恐れているはずがない！」と、本来の自分を否定してしまうからです。これでは、心の不安と向き合えません。

よって心の不安と向き合うときは、日頃つけている仮面を外せるように、誰もいないプライベートな空間で行うべきなのです。

ちなみに僕は、自宅の自分の部屋で行っています。日時は静かに物事を考えられる、日曜日の夜に行うことが多いです。部屋は心地よい程度に薄暗くして、リラックスできる環境で行います。

仮面を外せたら、目を閉じて、自分自身にこう問います。

「今、僕を怖がらせているものは何だ？」
「今、僕を悩ませているものは何だ？」
「今、僕の中でモヤモヤとしているものは何だ？」
「今、僕の目の前に立ち塞がる困難は何だ？」

こういう質問を繰り返しているうちに、自分本来の思考と、あなたを悩ませているストレスの正体がわかってきます。

まとめ　とことん正直に、自分の本音と向き合おう

箇条書きでどんどん書き出していく

瞑想が終わり、自分のストレスが頭に浮かんできたら、そのストレスを紙に書き出しましょう。思いついたものから、順番にどんどん書いていきます。

Ａ４の用紙なら縦にして、左上のスペースから横書きで書くとよいでしょう。一つのストレスごとに行を変えて、箇条書きにして書いていきます。表現の仕方は自由です。

〜が嫌いだ
〜が憂鬱
〜したくない
〜がストレス

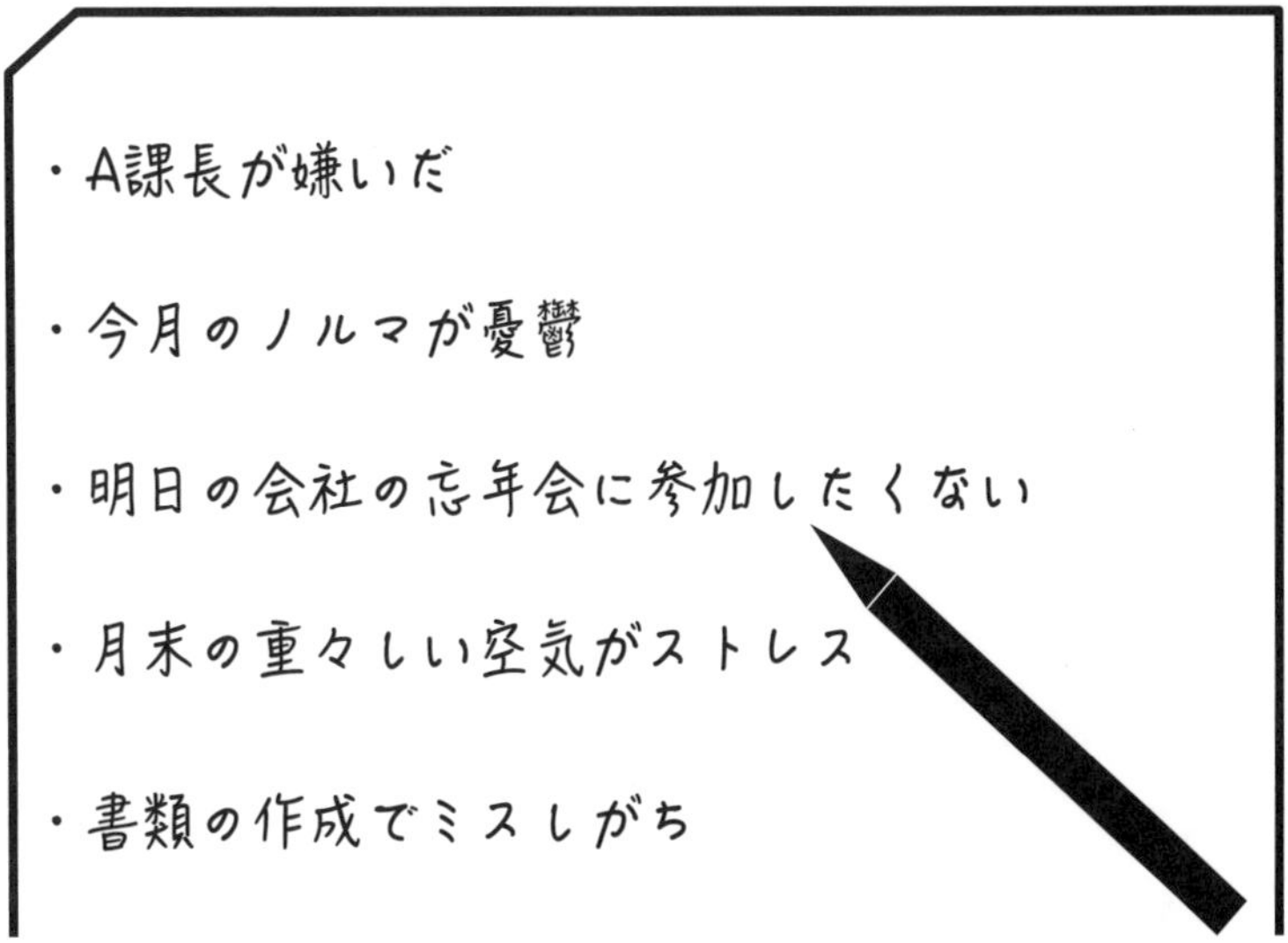
・A課長が嫌いだ
・今月のノルマが憂鬱
・明日の会社の忘年会に参加したくない
・月末の重々しい空気がストレス
・書類の作成でミスしがち

抱え込んでいるモヤモヤの正体が見えてくる

などなど、自分が書きやすい言葉で書いて頂いて構いません。

書き出すときのルールはたった一つ、「何でも、躊躇なく書いてしまう」ということだけです。

仕事に関することだろうが、プライベートに関することだろうが、思いつくままにひたすら書き出します。不安なことだけでなく、ツライこと、ストレスに感じていることは全て書き出します。

とにかく自分の頭に浮かんだネガティブな感情を全て書ききってしまうのです。

例えば、次のように書き出します。

・A課長が嫌いだ
・今月のノルマが憂鬱
・明日の会社の忘年会に参加したくない
・月末の重々しい空気がストレス

のイメージです。

実際にやってみていかがでしょうか？　通常は2〜3分、どんなに長い人でも10分程度で全てのストレスを書き終えてしまうはずです。

先にも述べましたが、不安の大きさに大小はあっても、数にしてみると実は大したことはないのです。不思議なもので、いざ書き終えて眺めてみると、「自分の不安はこの程度のものか」と気持ちが落ち着いてくるのです。

ストレスもお化けと同じで、目に見えないからこそ、とてつもなく強大に思えてしまうものです。お化けだって、明るい場所で見たら「なんだ。この程度のものか。勝てるかも」と思うはずです。

恐れているものを、可視化して、まずは状況を整理しましょう。

まとめ

書き終えて眺めるだけで気持ちが落ち着いてくる

「①人間関係のストレス」は消せない

ストレスを全て紙に書き出したら、次にストレスのグループ分けを行います。

多くの人はストレスを一律に悪いものと考えていて、全てのストレスを消してしまい、ストレスフリーで生きたいと考えています。

しかし、ストレスには「消せるストレス」もあれば「消せないストレス」もあります。「消せるストレス」については早く消してしまえばよいでしょう。

そして、「消せないストレス」については、消すことができない以上、うまく付き合っていくことをお勧めします。

「消せないストレス」とうまく付き合うことができれば、あなたの行動や生活は改善するため、ストレスは一律に悪ではなく、良いエッセンスにもなり得ます。

そのためには、まず、あなたの書き出したストレスを4つに分類していきましょう。
それらのストレスは、概ね次の4つのグループのどれかに該当するはずです。

①人間関係のストレス
②成果のストレス
③自分のストレス
④環境のストレス

最初に、**「①人間関係のストレス」**をグループ分けします。
人間関係のストレスとは次のようなものです。

・新しい上司とうまくやっていけるだろうか…
・後輩の○○がムカつく
・新しいグループで仲間外れにされないだろうか…
・大手顧客のB様に嫌われているかもしれない

ご自身が書き出したストレスの中で、人間関係に関するものには、右横（もしくは下）のスペースに「消せない」とボールペンで記入してください。

ビジネスパーソンの多くは人間関係に悩んでいます。

学生のときは、気の合う仲間と付き合っていればそれでよかったのですが、社会人になるとそうはいきません。

ソリの合わない人たちと一緒に働かないといけなくなる場面は山ほどあります。会社は仕事をするために、さまざまな人が集まっている場であって、仲良し集団の場ではないから当然のことです。

会社にいる苦手な人の例を挙げてみます。

・いつもピリピリしているA課長
・理不尽なことで、すぐに怒るB先輩
・不平不満ばかりを言っているCさん

・びっくりするくらい神経質なDさん
・プライドが高いEさん

当然ストレスも溜まります。しかし、一緒に働く上で良好な関係を築いておくに越したことはありません。

そして、多くの人が次のようなことを考えます。

「課長のAさん、もっと穏やかになってもらえないだろうか…」
「Cさんは不平不満の数を少し減らしてもらえないだろうか…」

など相手に変化を求めようとしがちです。

しかし、相手に変化を求めても、基本的には変わりません。相手は何年にもわたり、そのように生きているからです。そのようなことで悩むのは時間のムダです。相手に変化を求めるよりも、自分の行動を変えることのほうがよっぽど簡単で効果的です。

・いつもピリピリしているA課長

・理不尽なことで、すぐに怒るB先輩

・不平不満ばかりを言っているCさん

・びっくりするくらい神経質なDさん

・プライドが高いEさん

人間関係のストレスは無理に消そうとしない

例えば、

「怒りやすいB先輩と、どう付き合っていくのが賢いか？」

「神経質なDさんと、どう付き合っていくのが賢いか？」

「プライドが高いEさんと、どう付き合っていくのが賢いか？」

というふうに、同じ第三者のことで悩んでいたとしても、自分の行動にフォーカスを当てたほうが圧倒的に効果的なのです。

なぜなら、人間関係のストレスは、キリがないほどたくさんあり、残念ながらなかなかなくなりません。

どんなに自分の行動を変えたり、努力をしたりしても、相手に響かないこともあります。
よって、人間関係のストレスは「消せないストレス」と考えるほうが現実的です。

「人間関係のストレスはあって当たり前」と考えれば、少し気が楽になります。
そして、そのストレスとうまく付き合っていくことをお勧めします。目の前の人間関係を改善するために、自分の行動を変えるチャンスだと考えましょう。

そうすれば人間関係のストレスは、自分の行動を改善するための良きエッセンスになるはずです。

まとめ

人間関係のストレスは消せない。どう付き合うべきか考える

「②成果のストレス」も消せない

次に、**「②成果のストレス」**をグループ分けします。
成果のストレスとは次のようなものです。

・売上ノルマを達成しないと、立場を失ってしまう
・出世競争には負けたくない
・次の大切な試合は絶対に負けられない試合だ
・今月の大口案件は必ず決めないといけない

ご自身が書き出したストレスの中で、成果に関するものには、右横（もしくは下）のスペースに「消せない」とボールペンで記入してください。

成果のストレスは、人間関係のストレス同様、多くのビジネスパーソンが悩んでいます。学生のときとは異なり、就職して社会人になると皆、給料を貰うようになります。給料を頂く以上は、給料以上の成果を出すことを求められるのは当然のことです。中でも、特に次のような職種の人は、成果の不安を強く抱えています。

営業職
社内競争が激しい会社員
外資系ビジネスパーソン
プロのアスリート
自営業
経営者

理由は単純で、成果を出さないと生き残れないからです。
しかし、この成果のストレスも、「消せないストレス」に該当します。なぜなら、自分がどんなに優秀で、どんなに努力しても、他人に負けることはあるからです。

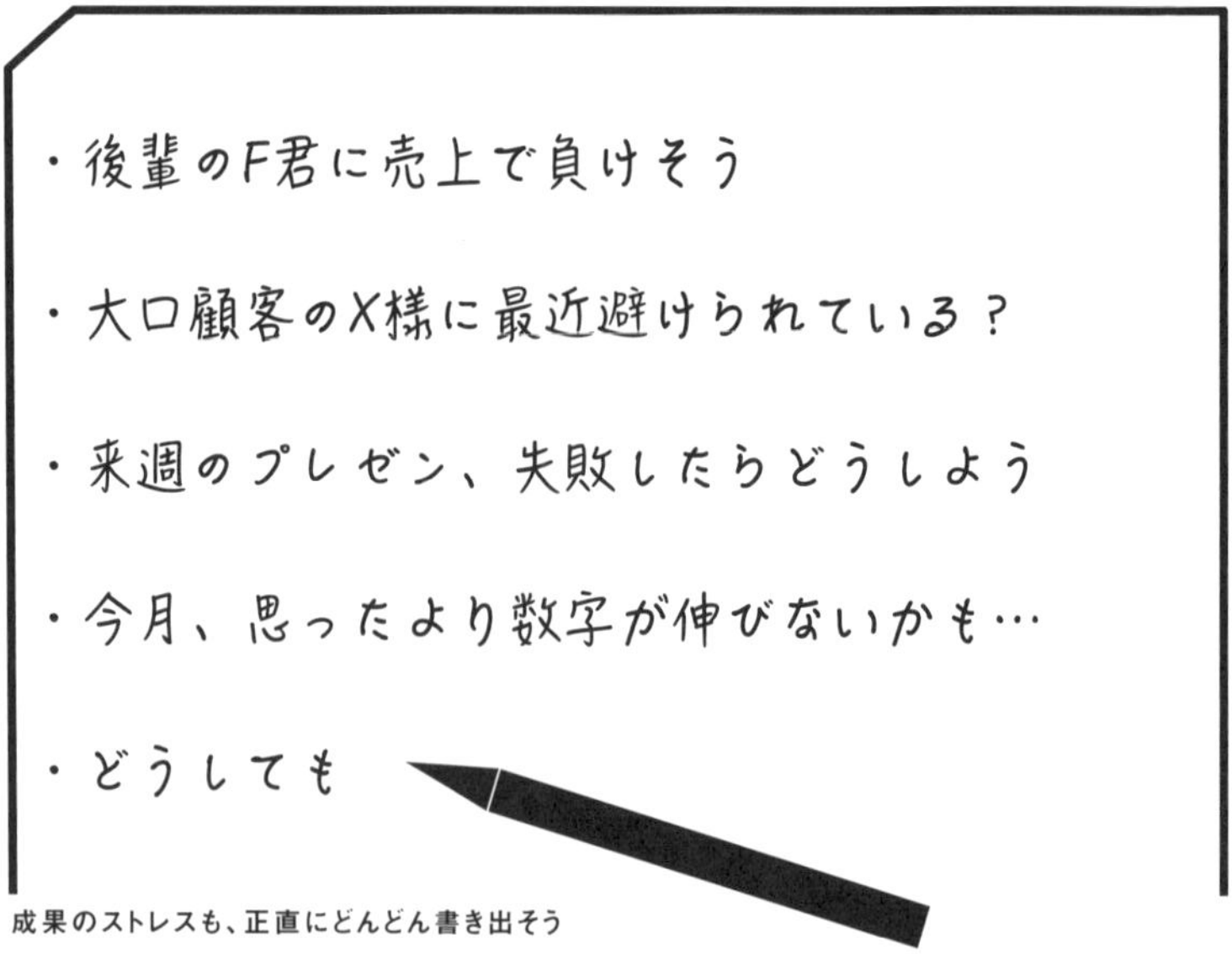
・後輩のF君に売上で負けそう
・大口顧客のX様に最近避けられている？
・来週のプレゼン、失敗したらどうしよう
・今月、思ったより数字が伸びないかも…
・どうしても

成果のストレスも、正直にどんどん書き出そう

「負けたらどうしよう…」という不安は勝負にこだわる人なら、誰でも抱えているし、あって当然なのです。

「消せないストレス」である以上、うまく付き合うことのみにフォーカスします。

具体的には**「負けたらどうしよう…」という不安を「勝つための行動」に変えるだけ**です。

「勝つための行動」を全て実践すれば、勝つ確率は上がります。しかし100％勝てるわけではないので、不安が100％消えることはありません。むしろ大切な勝負ほど、不安は大きくなります。

プロボクサーの村田諒太選手が引退覚

悟で臨んだタイトルマッチで強敵のロブ・ブラント選手と対決したときの話です。引退をかけた試合で、村田選手は見事勝利し、その試合後のインタビューが大変印象的でした。「負ける不安はなかったのか?」と記者に聞かれた際、村田選手は、「不安がないわけないでしょ。不安がなかったら、ルーティーン（キッイ練習）なんてやらないし、こんな哲学的なこと考えない。**不安はあっていいと思う。不安があるから頑張るし、不安があるから成長していると思うし、不安があるから見て頂いて共感して頂けると思う**」とコメントしていました。

世界一の村田選手でも負ける不安を抱えているのだから、皆、不安で当たり前です。大切なことは不安に押し潰されるのではなく、不安をバネに「勝つための行動」に繋げることです。

僕たちが変えられるのは「自分の行動のみ」です。不安がどんなに大きくても、僕らができるのは行動し続けることしかないのです。頭を抱えて悩んでいるヒマはありません。勝つための行動へと気持ちを振り向けていきましょう。

まとめ

成果のストレスは消せない。だからこそ勝つために行動する

「③自分のストレス」を消せる

次に、**「③自分のストレス」**をグループ分けします。
自分のストレスとは次のようなものです。

・太っている自分が嫌い
・肩こりがつらい
・挑戦から逃げてしまう自分が嫌だ
・ニキビ面の自分に自信が持てない

ご自身が書き出したストレスの中で、自分に関するものには、右横（もしくは下）のスペースに「消せる」とボールペンで記入してください。

自分のストレスには解決策があり、それを実行すれば「消せるストレス」ばかりです。
例えば、次のような解決策です。

・太っている自分が嫌い　↓ジムに週2回通う
・肩こりがつらい　↓マッサージ店に行く
・挑戦から逃げてしまう自分が嫌だ　↓今日から挑戦のアクションを取る
・ニキビ面の自分に自信が持てない　↓洗顔をする

解決策を着実に実行して、自分に関するストレスを消してしまえばいいのです。

まとめ

自分に関するストレスは自分で消せる。行動あるのみ！

「④環境のストレス」も消せる

最後に、**「④環境のストレス」**をグループ分けします。
環境のストレスとは次のようなものです。

・通勤時間が長くて大変
・公的年金が不足していないか不安
・深夜の騒音がうるさくて眠れない
・部屋の中が汚いことがストレス

ご自身の書き出したストレスの中で、環境に関するものには、右横（もしくは下）のスペースに「消せる」とボールペンで記入してください。

環境のストレスは解決策があり、それを実行すれば「消せるストレス」ばかりです。
例えば、次のような解決策です。

・通勤時間が長くて大変　↓近い場所に引越しをする
・公的年金が不足していないか不安　↓積立てNISAを始める
・深夜の騒音がうるさくて眠れない　↓静かな場所に引越しをする
・部屋の中が汚いことがストレス　↓掃除をする

解決策を着実に実行して、環境のストレスを消してしまえばいいのです。

まとめ

環境に関するストレスも消せる。行動あるのみ！

全ストレスの中で「消せないストレス」の割合は？

全てのストレスのグループ分けが完了したところで、全てのストレスの横に「消せない」もしくは「消せる」が記入されていると思います。

あなたのストレスの中で、「消せないストレス」の割合は何%でしょうか？

計算の仕方は次のようになります。

消せないストレスの割合（%）
=ストレス「消せない」の数÷全ストレスの数×100

僕の場合はこんな計算になります。
・新しい支店長とうまくやっていけるだろうか　消せない（人間関係のストレス）

・新しい支店で浮いたりしないだろうか　消せない（人間関係のストレス）
・大手顧客のA様に嫌われているかもしれない　消せない（人間関係のストレス）
・家が汚なすぎる　消せる（自分のストレス）
・通勤時間が長い　消せる（環境のストレス）
・朝起きるのがツライ　消せる（自分のストレス）
・売上ノルマを達成しないと、立場を失ってしまう　消せない（成果のストレス）
・今月の大口案件は必ず決めないといけない　消せない（成果のストレス）

ストレス「消せない」の数5個÷全ストレスの数8個×100＝62・5％（コントロール不可能の割合）。僕の場合は**全ストレスの62・5％が、「消せないストレス」**と計算されます。

「消せるストレス」はさっさと消してしまいましょう。
「消せないストレス」とはうまく付き合っていくことが求められます。

まとめ　「消せないストレス」の割合を数字で把握してみよう

消せないストレスにいかに悩まされていたかを知る

消せないストレスの割合（％）を計算できたら、その割合によって次のように診断できます。

50％以下
ラッキーな人です。あなたのストレスは、あなた次第ですぐに消えるものばかりです。

50％以上
自律心の高い人です。「消せるストレス」の多くを既に消してしまっているため、消せないストレスの割合（％）が高くなっています。

ここで一つお伝えしておくと、「消せないストレスが多い＝悪い」ということではありません。消せないストレスが多い人は、既に多くの消せるストレスを解決し、より高次の問題に取り組むべき状態にあると言えるのです。

ただし、せっかくそこまで頑張ったにもかかわらず、**ストレスに押し潰されてしまう人の多くは、この後者の「消せないストレス」とうまく付き合えていないケースが多い**です。

自分が努力しても消せないストレスであるからこそ、いつまでも頭を抱えて延々と悩んでしまうのです。頭の中で考え込んでいるとストレスは無限ループのように広がり、嫌になって逃げたくなってしまいます。

「消せないストレス」とうまく付き合うためにも、次のように割り切って考えましょう。

「消せるストレス」はペイント塗料で、洗えばすぐ消えるもの。
「消せないストレス」は本物のタトゥーのように、洗っても消えないもの。

こんな場面を想像してみてください。あなたの体は全身、塗料による落書きまみれで、あなたはすぐにでも洗い流して、落書きから解放されたいと思っています。

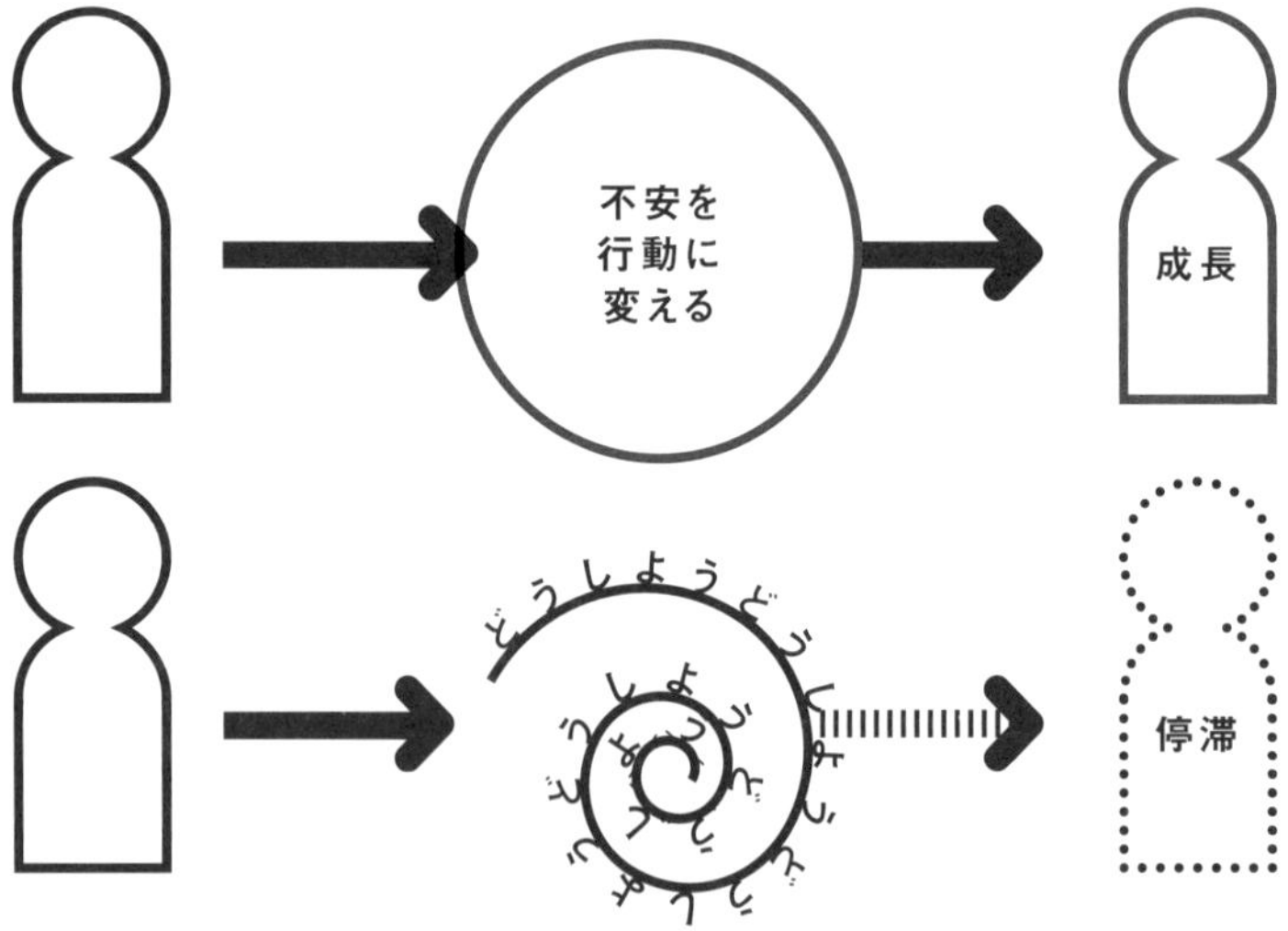

消せないストレスは、どう対処するかで大違い

「消せるストレス」はシャワーを浴びたら、すぐにペイントのように消えていきました。

「消せないストレス」はシャワーを浴びても、タトゥーのように消えてくれません。

だったら「消せないこと」を嘆くのではなく、いっそのこと、タトゥーを活用して、オシャレに振る舞ってしまえばいいのです。

ストレスもこれと同じです。

「消せるストレス」は消せばいいし、

「消せないストレス」は消せなくて当た

り前と開き直りましょう。そして、**「消せないストレスがあるからこそ頑張れるし成長できる」**と口に出して言いましょう。

具体的には、消せないストレスの「どうしよう」を「動作」に変えてしまえばいいのです。動作に落とし込めれば、実践することは簡単です。

「消せないストレス」をたくさん抱えている人は、自分の行動をたくさん改善する機会を有している人なのです。

まとめ

「消せないストレス」と、いかにうまく付き合うかが鍵になる

STEP1 まとめ

1

紙1枚とペン1本でOK。自分の不安と向き合う習慣を

リラックス空間で裸の自分をさらけ出す！

2

ストレスには、「消せるストレス」と「消せないストレス」がある

無理に全てを消そうとしない！

3

消せないストレスは、自分の行動を変えるチャンス

どうすればうまく付き合えるかを考える。
逃げずに向き合うことで成長できる！

実践編

STEP

2

解決策を考えるために

TODOリストを作る

自分のベストを尽くしてクヨクヨしない

ここからはいよいよ解決策を考えていきます。

解決策を考えるときに、まず大切なのは、**「全てのストレスに解決策があるわけでない」**と認識することです。

この点を誤解してしまうと、「解決策を実行したのに、ストレスがなくならない！」と不安や焦りが増します。自信を失うことにも繋がり、メンタルがどんどん弱くなっていきます。

人間関係のストレスや成果のストレスなど、「消せないストレス」には完璧な解決策はありません。いかなる解決策を実行しても、これらのストレスが完全に消え去ることはないのです。

成果のストレスで、解決策がない事例を挙げてみます。

「出世競争に負けたくない」とストレスを感じている人

↓

誰よりも成果をあげるため、解決策として、外交件数を2倍に増やすことにした

↓

ライバルはさらに外交件数を増やしているかもしれない…

↓

「出世競争に負けてしまうかも」というストレスが消えることはない

このように、自分の行動をいかに変えても、ライバルがさらに上回ってくる可能性がある以上は、成果のストレスが完全に消え去ることはありません。

このようなケースでは、**「自分の思いつく努力は全て行った。これで負けたら仕方がない」**というある種の諦め、またそう思えるようになるまで行動することが大切です。

次に、人間関係のストレスで、解決策がない事例を挙げてみます。

「後輩のA君に嫌われているかもしれない」とストレスを感じている人

←

解決策として、毎日A君に優しく声をかけることにした

←

反対に、気持ち悪いと思われるかもしれない

←

「A君に嫌われているかもしれない」というストレスが消えることはない

このように、人間関係のストレスは、自分の行動をいかに変えても、相手の受け止め方はさまざまであり、「相手がどのように考えているか？」というストレスが完全に消え去ることはありません。

このようなケースでは、「関係改善のために、思いつく努力は全て行った。これで嫌わ

れるのであれば仕方がない」というある種の諦め、またそう思えるようになるまで行動することが大切です。

これらのケースに共通する大事な点は、やるべきことを全てやったら、不必要にストレスに悩まされないように、最後は潔く諦めるという点です。

言うなれば、「人事を尽くして天命を待つ」という心境が必要になります。それくらい、やれるだけのことをやりきれば、もはや後悔もありませんし、気を取り直して別の新しい解決策にチャレンジすることもできるはずです。

まとめ　完全には消えないストレスもある。その上で対処する覚悟を

「変えられるのは自分の行動のみ」と1分瞑想する

解決策を考えるにあたって、もう一つ大切なことは**「自分の行動のみにフォーカスを当てる」**ということです。

なぜなら、自分が確実に変えられるのは自分の行動のみだからです。

多くの人がストレスに対して、次のような解決策を考えてしまいがちです。

「上司がもっと理解してくれる人であれば、僕はもっと出世しているのに…」

「もっと給料が高ければ、もっと快適な部屋に住めているのに…」

「もっと職場環境が良ければ、もっと成果が出せるはずだ…」

などなど、自分のストレスにもかかわらず、相手や環境に依存した解決策を考えてしまいがちです。しかし、それではうまくいきません。

例えば、このケースで言うと、

「なかなか理解してくれない上司に、僕はどのようにアピールをすべきだろうか？」

「給料を高くするためには、僕はどのような行動を起こすべきだろうか？」

「職場環境を改善するために、僕にできることは何だろうか？」

というふうに、自分の行動にフォーカスを当てて、解決策を考えたほうが、簡単で効果的なのです。前にも述べましたが、他人や環境に期待するだけでは、状況が変わる確率は非常に低いですし、メンタルもどんどん不安定になっていきます。

解決策を考えるときは、「変えられるのは自分の行動のみ」と1分瞑想してから、行いましょう。

まとめ

「相手の行動」ではなく、「自分の行動」に注目！

各ストレスの横に「自分の取るべき行動」を記入する

瞑想が終わったら、いよいよ解決策として「自分の取るべき行動」を各ストレスの横に書いていきます。

前章で、全ストレスを記入した紙をそのまま使います。

紙に記載された各ストレスの右横（もしくは下）のスペースに**「↓」**を一つずつ記入します。そして、「↓」に続いて**「自分の取るべき行動」**を記入していきます。

これらが、前章で記載した各ストレスを解消させるための、解決策となります。

次の例を参考に、各ストレスに対する「自分の取るべき行動」を書いてみてください。

・新しい支店長とうまくやっていけるか不安　消せない　↓**支店長が喜びそうなことを箇条書きにして、一つひとつ実践していく**

・大手顧客のA様に嫌われているかもしれない　消せない　↓**月に1回訪問する**

・部屋の中が汚いことがストレス　消せる　↓**掃除をする**

・通勤時間が長くて大変　消せる　↓**勤務先に近いところに引越しをする**

・朝起きるのがツライ　消せる　↓**いつもより1時間早く寝る**

・売上ノルマを達成しないと、立場を失ってしまう　消せない　↓**営業計画を見直す**

・今月の大口案件は必ず決めないといけない　消せない　↓**決まらない理由を一つずつ書いて、不安要素を潰していく**

・将来の公的年金が不足していないか不安　消せる　↓**積立てNISAを始める**

・深夜の騒音がうるさくて眠れない　消せる　↓**耳栓をして寝る**

・太っている自分が嫌い　消せる　↓**ジムに週2回通う**

・ニキビ面の自分に自信が持てない　消せる　↓**洗顔を行う**

・出世競争に負けたくない　消せない　↓**同期トップの営業成績をとる**

・いつもせっかちなA課長がストレス　消せない　↓**課長が望んでいることを前倒し**

で行う

・理不尽なことで、すぐに怒るB先輩が怖い　消せない　↓**機嫌の悪いときは近寄らないようにする**

・びっくりするくらい神経質なDさん　消せない　↓**丁寧に接する**

記入する際に、思い出して頂きたいのは「解決策はあくまで自分の行動でなくてはならない」ということです。自分の行動でない解決策には意味がありません。

まとめ

自分ができると思う最善のことを書き込んでいこう

・新しい支店長とうまくやっていけるか不安　消せない
　→支店長が喜びそうなことを箇条書きにして、一つひとつ実践していく
・大手顧客のA様に嫌われているかもしれない　消せない
　→月に1回訪問する
・部屋の中が汚いことがストレス　消せる
　→掃除をする
・通勤時間が長くて大変　消せる
　→勤務先に近いところに引越しをする
・朝起きるのがツライ　消せる
　→いつもより1時間早く寝る
・売上ノルマを達成しないと、立場を失ってしまう　消せない
　→営業計画を見直す
・今月の大口案件は必ず決めないといけない　消せない
　→決まらない理由を一つずつ書いて、不安要素を潰していく
・将来の公的年金が不足していないか不安　消せる
　→積立てNISAを始める
・深夜の騒音がうるさくて眠れない　消せる
　→耳栓をして寝る
・太っている自分が嫌い　消せる
　→ジムに週2回通う
・ニキビ面の自分に自信が持てない　消せる
　→洗顔を行う
・出世競争に負けたくない　消せない
　→同期トップの営業成績をとる
・いつもせっかちなA課長がストレス　消せない
　→課長が望んでいることを前倒しで行う
・理不尽なことで、すぐに怒るB先輩が怖い　消せない
　→機嫌の悪いときは近寄らないようにする
・びっくりするくらい神経質なDさん　消せない
　→丁寧に接する

「消せるストレス」に対する取るべき行動は「解決策」

各ストレスに対する「自分の取るべき行動」を書き終えたら、次はそれぞれの「自分の取るべき行動」の目標（ゴール）を確認していきます。

まず「消せるストレス」の右横に記載された「自分の取るべき行動」は「解決策」と定義できます。**実行することで、そのストレスは解消される、もしくは著しく軽減されることがゴール**になります。

前項で挙げた「消せるストレス」の**「解決策」**を見ていきましょう。

・部屋の中が汚いことがストレス　消せる　→**掃除をする**

・通勤時間が長くて大変　消せる　↓**勤務先に近いところに引越しをする**
・朝起きるのがツライ　消せる　↓**いつもより1時間早く寝る**
・将来の公的年金が不足していないか不安　消せる　↓**積立てNISAを始める**
・深夜の騒音がうるさくて眠れない　消せる　↓**耳栓をして寝る**
・太っている自分が嫌い　消せる　↓**ジムに週2回通う**
・ニキビ面の自分に自信が持てない　消せる　↓**洗顔を行う**

どうでしょうか？

ここで挙げられているストレスは、「↓」の先の解決策を**実行すればするほど、あなたが望んでいる結果が得られる行動ばかり**なのです。

解決策を着実に実行して、「消せるストレス」を解消させてしまいましょう。

まとめ　ストレスを今すぐ解消できる行動はどれかチェック

「消せないストレス」に対する取るべき行動は「改善策」

次に「消せないストレス」の右横（もしくは下）に記載された「自分の取るべき行動」の目標（ゴール）を確認していきます。

「消せないストレス」の右横に記載された「自分の取るべき行動」は「改善策」と定義します。**実行することで、そのストレスをできる限り軽減しながら、気長に付き合っていくことがゴール**になります。

こうしたストレスが完全に消えることはありませんが、自分次第である程度は軽減できる、という前向きな意識で臨むことが大切です。

先に取り上げた「消せないストレス」の**「改善策」**を参考に見てみたいと思います。

・新しい支店長とうまくやっていけるか不安　消せない　↓**支店長が喜びそうなことを箇条書きにして、一つひとつ実践していく**
・大手顧客のA様に嫌われているかもしれない　消せない　↓**月に1回訪問する**
・売上ノルマを達成しないと、立場を失ってしまう　消せない　↓**営業計画を見直す**
・今月の大口案件は必ず決めないといけない　消せない　↓**決まらない理由を一つずつ書いて、不安要素を潰していく**
・出世競争に負けたくない　消せない　↓**同期トップの営業成績をとる**
・いつもせっかちなA課長がストレス　消せない　↓**A課長が望んでいることを前倒しで行う**
・理不尽なことで、すぐに怒るB先輩が怖い　消せない　↓**機嫌の悪いときは近寄らないようにする**
・びっくりするくらい神経質なDさん　消せない　↓**丁寧に接する**

どうでしょうか？
ここで挙げられているストレスは、「↓」の先の改善策を実行すれば、完全に解消はされないものの、軽減できるものばかりです。

むしろ、こうしたストレスを冷静に受け止め、継続的に自分なりの改善策を実行していくことこそ、自分を大きく成長させる機会にもなります。

改善策を着実に実行して、「消せないストレス」を軽減させていきましょう。

まとめ　やり方次第でストレスが減らせる行動をチェック

・新しい支店長とうまくやっていけるか不安　消せない
　→支店長が喜びそうなことを箇条書きにして、一つひとつ実践していく
・大手顧客のA様に嫌われているかもしれない　消せない
　→月に1回訪問する
改善策
・部屋の中が汚いことがストレス　消せる
　→掃除をする
・通勤時間が長くて大変　消せる
　→勤務先に近いところに引越しをする
・朝起きるのがツライ　消せる
　→いつもより1時間早く寝る
解決策
・売上ノルマを達成しないと、立場を失ってしまう　消せない
　→営業計画を見直す
・今月の大口案件は必ず決めないといけない　消せない
　→決まらない理由を一つずつ書いて、不安要素を潰していく
改善策
・将来の公的年金が不足していないか不安　消せる
　→積立てNISAを始める
・深夜の騒音がうるさくて眠れない　消せる
　→耳栓をして寝る
・太っている自分が嫌い　消せる
　→ジムに週2回通う
・ニキビ面の自分に自信が持てない　消せる
　→洗顔を行う
解決策
・出世競争に負けたくない　消せない
　→同期トップの営業成績をとる
・いつもせっかちなA課長がストレス　消せない
　→課長が望んでいることを前倒しで行う
・理不尽なことで、すぐに怒るB先輩が怖い　消せない
　→機嫌の悪いときは近寄らないようにする
・びっくりするくらい神経質なDさん　消せない
　→丁寧に接する
改善策

取るべき行動一覧を「TODOリスト」にする

「自分の取るべき行動」のゴール確認が終わったら、ここまでに記載した「取るべき行動」を一覧できるリストを作成します。

まず、ここまで行ったワークは、以下のようになりました。

・新しい支店長とうまくやっていけるか不安　消せない　↓支店長が喜びそうなことを箇条書きにして、一つひとつ実践していく
・大手顧客のA様に嫌われているかもしれない　消せない　↓月に1回訪問する
・部屋の中が汚いことがストレス　消せる　↓掃除をする
・通勤時間が長くて大変　消せる　↓勤務先に近いところに引越しをする
・朝起きるのがツライ　消せる　↓いつもより1時間早く寝る

・売上ノルマを達成しないと、立場を失ってしまう　消せない　↓営業計画を見直す
・今月の大口案件は必ず決めないといけない　消せない　↓決まらない理由を一つずつ書いて、不安要素を潰していく
・将来の公的年金が不足していないか不安　消せる　↓積立てNISAを始める
・深夜の騒音がうるさくて眠れない　消せる　↓耳栓をして寝る
・太っている自分が嫌い　消せる　↓ジムに週2回通う
・ニキビ面の自分に自信が持てない　消せる　↓就寝前に洗顔を行う
・出世競争に負けたくない　消せない　↓同期トップの営業成績をとる
・いつもせっかちなA課長がストレス　消せない　↓A課長が望んでいることを前倒しで行う
・理不尽なことで、すぐに怒るB先輩が怖い　消せない　↓機嫌の悪いときは近寄らないようにする
・びっくりするくらい神経質なDさん　消せない　↓丁寧に接する

これらの「自分の取るべき行動」を一覧にしてまとめると、次のようになります。

・支店長が喜びそうなことを箇条書きにして、一つひとつ実践していく
・大手顧客のA様を月に1回訪問する
・部屋を掃除する
・勤務先に近いところに引越しをする
・いつもより1時間早く寝る
・営業計画を見直す
・今月の大口案件の決まらない理由を一つずつ書いて、不安要素を潰していく
・積立てNISAを始める
・耳栓をして寝る
・ジムに週2回通う
・就寝前に洗顔を行う
・同期トップの営業成績をとる
・A課長が望んでいることを前倒しで行う
・B先輩が機嫌の悪いときは近寄らないようにする
・神経質なDさんには丁寧に接する

まとめ

自分のやるべきことを「TODOリスト」で一覧に

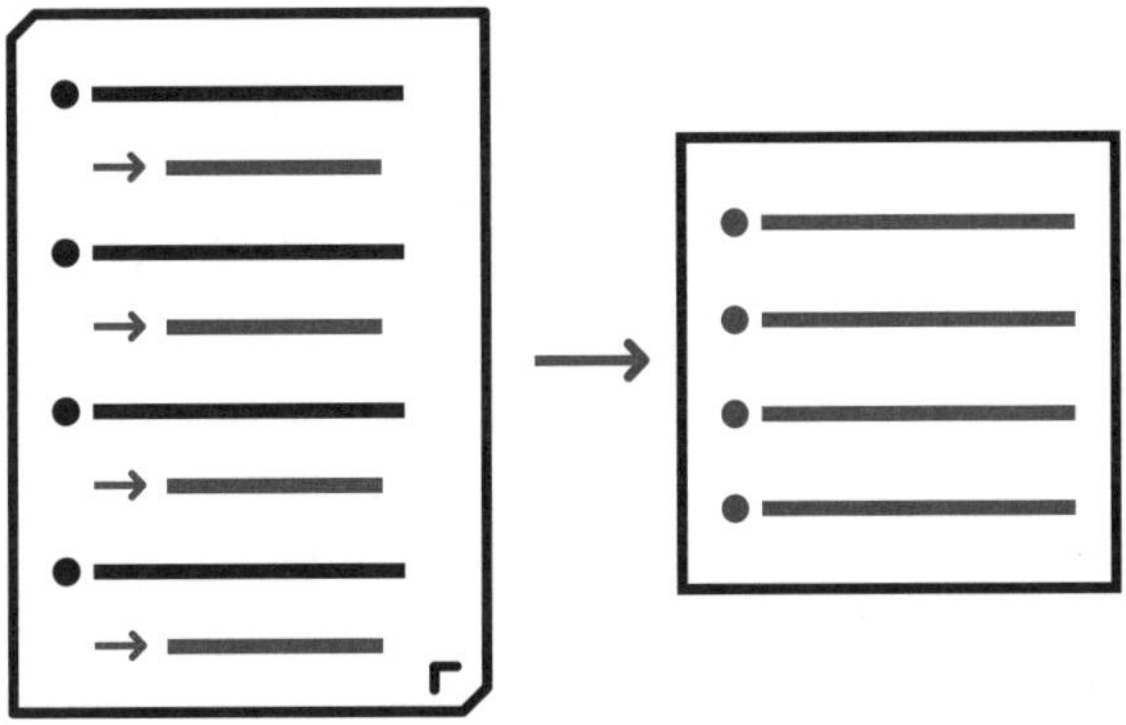

こうして「自分の取るべき行動」を一覧にまとめたものを**「TODOリスト」**と名づけます。

これまで使用していた紙とは別に、新たな紙を用意し、これらを箇条書きで書き写していきましょう。

手軽に目につくところに貼れる付箋紙などもお勧めです。

「TODOリスト」は最優先で実行する

「TODOリスト」が作成できたら、そこに書かれた「行動」を自分の中で最優先にして、実行に移していきましょう。なぜなら、そこに書かれた行動こそが、あなたの毎日を好転させる解決策になっているからです。

せっかく「TODOリスト」を作成したにもかかわらず、上司から突発的な仕事を振られると、徐々に「TODOリスト」の存在を忘れてしまうケースが散見されます。給料を貰っている以上、上司から振られた仕事をこなさないといけないのは事実です。

しかし、目の前の仕事に忙殺されて、自分が考えた「やるべきこと」を忘れてしまうのでは本末転倒なのです。

一つだけ覚えておいて頂きたいことは、**「他人から振られた仕事をこなすだけでは、あ**

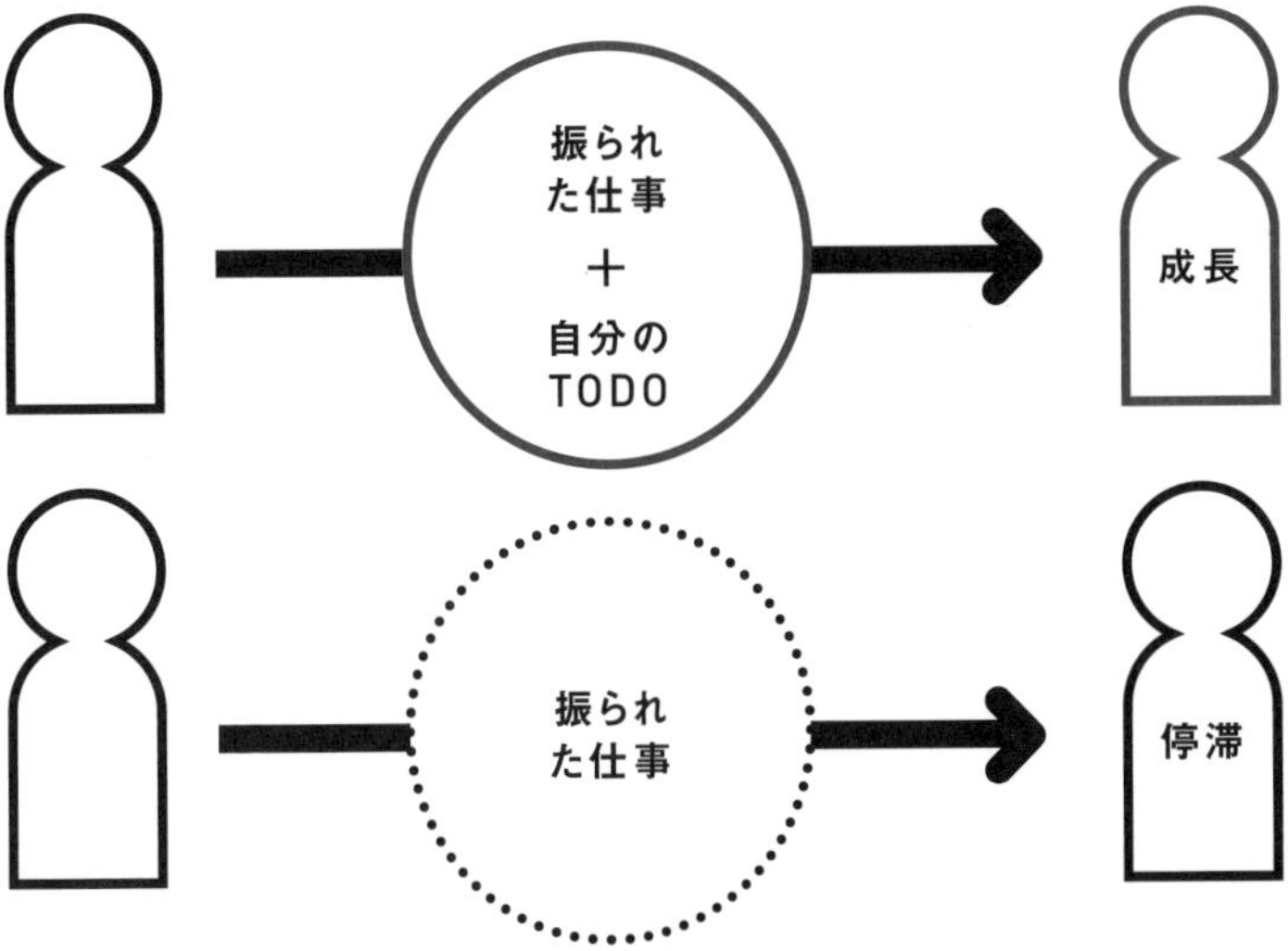

主体的に行動すればするほど、成長できる

なたの今の状況は変わらない」ということです。

あなたの人生を好転させる行動は、この「TODOリスト」の中にあります。

TODOリストはあなたが考えた、あなたのための行動（仕事）です。TODOリストに従うことは、あなたがあなたの人生の上司であり、あなたがあなたの人生をコントロールしていることを意味します。

電通社員の行動規範となっている鬼十則の中に、次のような教えがあります。
「仕事は自ら創るべきで、与えられるべ

きでない」

この教えからもわかるように、一流の人は、自分の仕事は自ら創るのです。

一流になりたいのであれば、**自ら考えて創った仕事＝「ＴＯＤＯリスト」**を最優先にすべきなのです。

「ＴＯＤＯリスト」を実践していると気づくのですが、最終的には自分との闘いになります。

「自分で創った仕事を、着実に実行できているか？」

「昨日の自分より、今日の自分は成長できているか？」

ということを考えるようになるのです。

「ＴＯＤＯリスト」は自分を救うために、自分で考え出した、自分の行動です。最優先で実践していきましょう。

まとめ　**自分で考え出した「やるべきこと」をおそろかにしない！**

良い意味で成果に固執することをやめる

「TODOリスト」が作成できたら、良い意味で成果にこだわりすぎることはやめましょう。

もちろん、「勝ち」にこだわる姿勢は大切ではあります。

しかし、「勝たねばならない」という想いが強すぎると、本番で力みすぎて、本来の実力が出せなくなることが多々あります。


誰でも、良い成果を出したいし、競争に勝ちたいと考えているものです。ところが、成果ばかりに囚われていると、結果に対する許容性は下がり、望んだ結果が得られなかったときに、その人の心は非常に折れやすくなってしまいます。

結果に対しては、固定的に考えるのではなく、**さまざまなパターンを想定しておく**ことが大切です。

野村證券は競争が激しく、成果を厳しく求める会社でした。同期のN君は、特に競争意識が強く、営業成績の順位表ばかりを気にしていました。

N君の口癖は、

「オレは絶対に同期ナンバーワンの成績をとる」

「負けは許されない」

「勝たねばならない」

でした。

彼の口癖を聞くたびに、僕は「N君は、これほど気合いが入っているのだから、きっとすごい成果をあげるに違いない」と心の底から思っていました。

しかし、結果は違いました。

彼はいつも大口契約の前夜になると、緊張して、眠れなくなっていました。そして、結果的にいつも契約を取りこぼしてしまっていたのです。

「勝たねばならない」という気持ちが強すぎて、肝心なところで力んでしまい、100%の力が出せなかったのではないかと思います。

半年後、気づいたときには、N君は会社を辞めてしまっていました。

「同期トップになること」しか考えていなかったN君は、トップになれなかった時点で、お先真っ暗だと感じてしまったそうです。

実力が拮抗している真剣勝負では、勝敗は誰にもわかりません。そのような勝負において、「勝つこと以外は許されない」という固定的な考え方を持っていると、心が折れやすくなってしまうのです。

反対に、継続的にトップに近い営業成績を常にあげていたI君は、とても競争心が高そうには見えない穏やかな人で、マイペースな同期でした。

「どうして彼がこんな高い成果を残せるのだろう…」と疑問に思った僕は、I君に「ライバルに勝ちたいと思わないの？」と質問をしました。

I君が答えた内容は、

「勝ちたいとは思っている」

「短期的な勝敗は気にしない」

「勝敗より大切なことは、自分がやるべきことをやれているのか」

「勝つか負けるかは、僕の力の及ばないところで決まっている」

「僕の力の及ばないところに、エネルギーを注ぐのはナンセンス」
「僕にできることはしっかり準備をすること」
「やるべきことを淡々とやるだけ」
「やるべきことをやっていれば、最後に勝てると思う」

というものでした。

どんなに優秀な人でも、勝つこともあれば負けることもあります。その状況や程度もさまざまでしょう。こうした目先の結果に振り回されないためには、それとは別に自分なりの明確な目標を設定しておくことが重要なのです。

I君は成果に固執するのではなく、自分が「TODO」（やるべきこと）を行えているかに固執をしていました。「TODOリスト」さえ実行していれば、成果は後からついてくるのです。

まとめ　目先の「成果」よりも自分の「行動」に集中！

第三者に期待することをやめる

「TODOリスト」が作成できたら、第三者に期待することはきっぱりやめましょう。

ここで第三者への期待を引きずっていると、うまくいかなくなる確率を上げてしまいます。また、**期待通りに動いてくれない第三者に怒りや不満を感じて、かえって自分のストレスを大きくしてしまう可能性が高い**です。自分のストレスを解消させるための行動のはずが、逆にストレスを大きくしてしまっては本末転倒です。

アンガーマネジメント協会によると、他人への「怒り」は、他人に求める「その人は、〜すべき」という自分の期待が裏切られたときに、発生すると言われています。

つまるところ、他人に対して期待をすることが多いと、それに比例して期待を裏切られることも増えて、怒りを感じやすくなるのです。

反対に、他人に何も期待していない人は、そもそも期待がないため、裏切られることはなく、怒ることもないのです。


僕が働いていた職場にも、いつもイライラしていたNさんという先輩がいました。

その日の、Nさんは上司である支店長にイライラしていました。

理由は、支店長の命令で、これまで経験したことのない総務課配属にさせられたからです。

それまでのNさんは長年、支店長秘書という立場で働いていました。Nさんは支店長秘書の仕事を気に入っていたのですが、突如、支店長の命令で、外されてしまったため、イライラしていたのです。


そのときのNさんの愚痴は次のようなものでした。

「前の支店長であれば、このような命令は絶対にしない」

「新しい仕事に全然慣れない…」

「今の支店長が何を考えているのか理解できない」

「なんで私がこんな目に遭わないといけないのか…」

僕はNさんのこの一連の発言を聞いていて、次のように思いました。

「Nさんは支店長に対して期待をしていた」
「その期待が裏切られたから、怒りを感じている」
「これからも支店長秘書を続けさせてもらえるという期待であった」
「支店長秘書を続けられる約束は二人の間にはなかった」
「Nさんの期待は、Nさんが勝手に作った身勝手な期待であった」
「勝手に期待していただけであれば、それが叶わなくても仕方がない」
「Nさんは勝手に期待をして、勝手にストレスを溜めている」

「支店長含め、第三者はNさんの期待通りには動かない」

支店長は「支店に良かれ」と思って、命令を下したのですが、Nさんの不興を買ってしまいました。人は勝手にさまざまな期待を抱くものなのです。

僕自身は勝手に、第三者に対して身勝手な期待を抱かないようにしています。第三者との間に約束があって、それを破られたなら、怒って当然です。しかし、約束もせずに、勝手に第三者に期待して、勝手に裏切られたと感じ、勝手にストレスを溜めるのはバカバカしいと思います。

「TODOリスト」に記載された行動は、自分のストレスを解消するための解決策です。その解決策自体が第三者に期待するものであっては、意味を成しません。反対に自分のストレスを大きくしてしまう可能性が高いのです。

第三者に何かを期待するなら、期待している内容を第三者に伝えて、期待の実現に協力してもらえるように約束を取りつけてしまえばよいのです。それだけで、愚かな行為であった**「第三者への勝手な期待」**が**「第三者への協力を仰ぐ」という素晴らしい行為に変わる**のです。

誤解して頂きたくない点は、「第三者に協力を仰ぐ」ことと「第三者に期待をする」ことは全く異なるものだということです。

「第三者に期待をする」ことは愚かな行為だと思います。

Nさんの事例からもわかるように、「第三者への期待」は自分の中で勝手に作り上げた「こうあるべき」という思い込みです。自己都合の正義であり、それを押し付けられた人はたまったものではありません。第三者が気づかずに、その期待を裏切ってしまうことは十分考えられます。

「第三者に協力を仰ぐ」ことは素晴らしいことだと思います。

自分一人では成し遂げられないことでも、第三者の協力を得ることで、成し遂げられるようになることはたくさんあります。むしろ大きな仕事になればなるほど、第三者の協力を得ることは必要になります。

まとめ　第三者に期待するだけになっていないか、要チェック

結局、自分を救えるのは自分だけ

前項では「第三者には期待すべきでない」という話について詳しく書きましたが、最終的には**「変えられるのは自分の行動だけ」**と開き直ることが大切です。

結局、自分を救えるのは自分しかいないのです。

有名なファッションブランドの経営者である石川涼社長もインタビューで「仕事は自力で乗り越えるもの（中略）特定の誰か、宗教、思想など、他のことには頼らないですね。自分しか信じません」と公言しています。

自分の希望を叶えるには、自分で行動を起こすしかありません。

誰かが自分の希望を叶えてくれるだろうという都合の良い話は、まずあり得ないのです。

前項の事例で挙げたNさんは「支店長秘書を続けたい」という希望を持っていました。
しかし、行動は何も起こしませんでした。
「支店長が自分の希望を叶えてくれるであろう」という甘い考えを持っていたからです。
このような受け身の姿勢では、自分の希望を叶えることはできません。

では、どうしたらよかったのでしょうか？

僕がNさんであれば、**「支店長秘書を続けたい」という希望を叶えられるように、自分で行動を起こします。**

具体的には、支店内の人事決定権を有する支店長に提案をします。
提案をする際に、大切なことは、「相手にとってのメリットを訴える」ことです。
「私の希望（提案）を承諾すると、大きなメリットがある」と支店長に理解してもらうことができれば、勝ったも同然です。

その際は、支店長の考えや、欲しているものを知る必要があります。

例えば、

「支店の営業成績をもっと良くしたい」

「社員のモチベーションを上げたい」

「支店の雰囲気を明るくしたい」

などなど、支店長が欲していたとします。


相手が欲しているものがわかれば、提案内容も決まります。

「私が支店長秘書を続けさせてもらえるのであれば、社員のやる気が測定できる資料を毎月作成します」

「支店の雰囲気と営業成績をより良くするために、〇〇や××の点で貢献することができます」

などと訴えるだけです。


もちろん、希望が通らないこともあるかと思います。

しかし、**行動を起こさないより、起こしたほうが、希望が通る確率は圧倒的に上がります。**

また、しっかりと提案をすれば、断られるにしても、理由を教えてくれる可能性が高いです。理由が明確になれば、次の行動に活かすこともできますし、Nさんが愚痴をこぼしていた、

「今の支店長が何を考えているのか理解できない」

「なんで私がこんな目に遭わないといけないのか…」

といった不満も解消されていたと思います。

自分の希望を叶えるには、自分で行動を起こすしかないのです。

「変えられるのは自分の行動だけ」と開き直りましょう。

まとめ

相手に「期待する」より「自分で行動する」ほうがうまくいく

STEP2 まとめ

1

自分なりに解決策をどんどん書き出していく

相手や環境に期待しない！

2

やるべきことを1枚にまとめて「TODOリスト」に

自分を救うために欠かせない行動リスト！

3

「成果」より「自分のやるべきこと」に集中する

折れない心でベストを尽くす！

実践編

STEP 3

実行するために

とにかく行動あるのみ!

いつもより20分だけ早く起きる

ようやく、自分の取るべき行動も決まり、実行あるのみ。しかし、せっかく有効な解決策を考えても、実行できなければ意味を成しません。

解決策を実行するために、大切なことは、**1日の良いスタートダッシュを切ること**です。

前日の夜までやる気に満ち溢れていたにもかかわらず、当日の朝になると次のようなことを経験したことはないでしょうか？

眠すぎて体が動かない…

布団から出たくない…

もう30分だけ寝かせてほしい…

朝は激務のビジネスパーソンであれば、誰でも憂鬱なものです。

僕が野村證券に勤めていたときも、**平均睡眠時間は4時間程度で、毎朝起きるのがつらかった**ことを覚えています。新入社員の頃は、学生時代とのギャップを大きく感じるため、特につらく感じました。これは僕に限ったことではなく、同僚の顔を見わたしても、朝に眠そうな顔をしている人は一定数いました。

上司は眠そうな社員を呼び出しては、叱りつけていました。

「根性が足りんのじゃ」

「やる気が足りんのじゃ」

「責任感が足りんのじゃ」

叱られた人は恐怖で目が覚めるため、一時的には効果を発揮するのですが、上司がいなくなるとまた眠くなってしまうため、持続的な効果はありませんでした。

僕はこの上司の「部下に目を覚ましてもらいたい」という想いには共感しますが、発言内容には共感しません。

「やる気が足りないから、眠くなる」というのは間違っていると思います。なぜなら、僕自身がそうではなかったからです。仕事にやる気があるときでも、人間である以上、眠いときは眠いのです。

反対に上司の「部下に目を覚ましてもらいたい」という想いには共感します。なぜなら、「眠い」という仕事に集中できていない状態で、良いパフォーマンスを残すことは不可能だからです。

僕らはビジネスパーソンである前に一人の人間です。ハードワークのビジネスパーソンが4時間睡眠で出社して眠くないわけがありません。

中には仕事が面白すぎて、4時間睡眠でもパッと目が覚めるという人もいるかもしれませんが、ごく少数だと思います。大部分のビジネスパーソンはやる気があったとしても4時間睡眠では眠いのです。

もっとたくさん寝ることができれば一番良いのですが、そうはいかない日も多々あります。

僕自身も「朝からフルスピードで活動できる良い方法はないか？」と試行錯誤してきました。**「やる気があっても、体がついてこない」**という問題は多くのハードワークのビジネスパーソンが抱えていると思います。

逆を言えば、ここで一気に目が覚める自分なりの方法を身につけておけば、ライバルと朝から差をつけることができます。

「朝を制するものは、ビジネスを制する」なのです。

多くの人は「出社時間ギリギリまで寝よう」と考えがちです。しかし、これは大した効果がありません。入社したばかりの頃の僕が実証済みです。

僕の解決法はその逆で「いつもより20分早く起きること」です。

当然、起きたときは眠いのですが、その20分で**「強制的に目が覚める活動」を行います。**そうすることで、朝からフルスピードで動けるようになります。具体的な活動については、次項で書いていきます。

ゴルフでも1ホール目からOBを連発させて、失敗が続くと多くのプレイヤーは意気消沈してしまいます。すぐに気持ちを切り替えられればよいのですが、下手をすると、その後のホール全てに引きずってしまうこともあります。

良いスタートダッシュを切ることは、ビジネスにおいても非常に大切なことです。

まとめ　寝不足な朝こそ、早めに起きてフルパワーで動ける対策を

朝風呂に10分浸かる

いつもより20分早く起きたら、強制的に目を覚まさせるため、朝風呂に10分浸かることをお勧めします。

朝風呂の温度は42度以上で熱めの設定にすると、より効果的です。僕自身はこの方法で、朝からフルスピードで活動できるようになります。

朝風呂に浸かるきっかけとなったのは、テレビ番組で、あるドクターの「眠気と体温のメカニズム」を学んでからです。眠気と体温には深い関係があり、

体温が下がる　↓　眠気が発生

体温が上がる　↓　活動モード

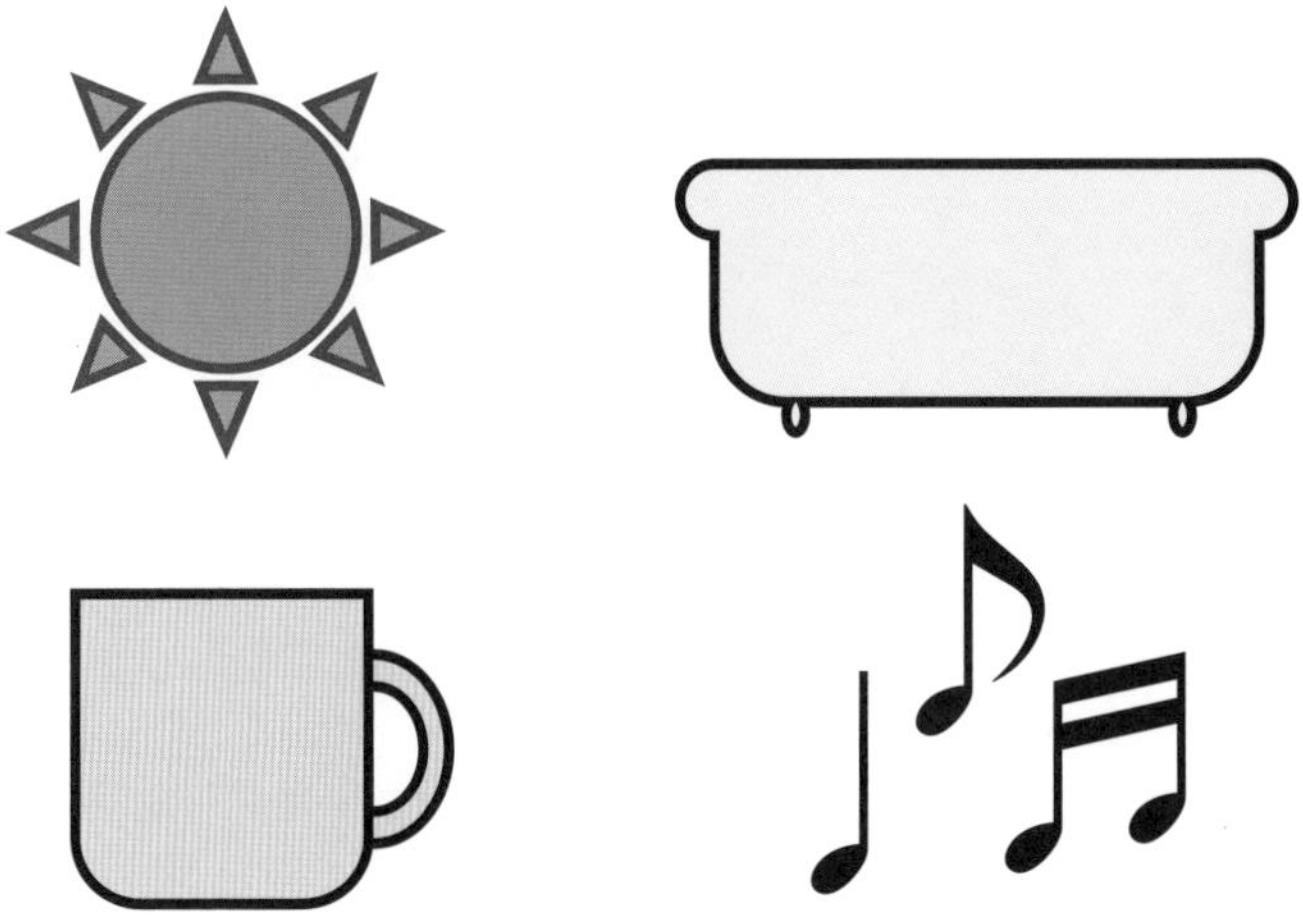

寝不足でもフルモードで動ける「自分なりの工夫」を

になるのだそうです。

特に「42度以上の熱いお湯は、交感神経が働き、神経が高ぶって活動モードに入る」とのことでした。

一度試してみたら、効果てきめんでした。それ以来、僕は眠くても、起きなくてはならない状況のときは、決まって43度のお湯に浸かっています。そうすることで、朝からフルスピードで活動できるようになりました。

仕事のできる先輩方を見ても、朝から眠そうな顔をしている人は一人もいません。

仕事のできる人は皆、朝から仕事に100%集中するモードを作り上げています。

皆、睡眠時間が短いにもかかわらず、瞬時にフルモードに入るコツや習慣があると思い、仕事のできる先輩方に聞いてみました。

「起きてすぐ外の光に当たるようにしている」
「毎朝、軽い運動やストレッチをしている」
「出勤時に、テンションの上がる音楽を聴くようにしている」
「温かいコーヒーを飲むようにしている」

回答はさまざまでしたが、共通点は皆、朝から仕事モードになれる自分なりの方法を持っていることでした。

仕事のできる人は、朝のスタートからライバルと差をつけているのです。
「朝を制する者は、ビジネスを制する」です。

まとめ　毎朝、フルモードでスタートするための習慣作りを

出勤後、ＴＯＤＯリストを一番目に入る場所に置く

朝からフルモードで出社をしたら、前日の夜に作成したＴＯＤＯリストを一番目に入る場所に置きます。理由はＴＯＤＯリストはあなたが実践すべき最重要事項であり、他のことに紛らわされないようにするためです。

出社すると、思いもよらぬ突発的な仕事が矢のように連続して降りかかってきます。


「来店のお客様の対応してくれ！」

「別のお客様の電話対応してくれ！」

「A様からクレームの電話が入ったぞ！」

「この注文を出しておいてくれ！」

「この書類を10部ずつコピーしておいてくれ！」

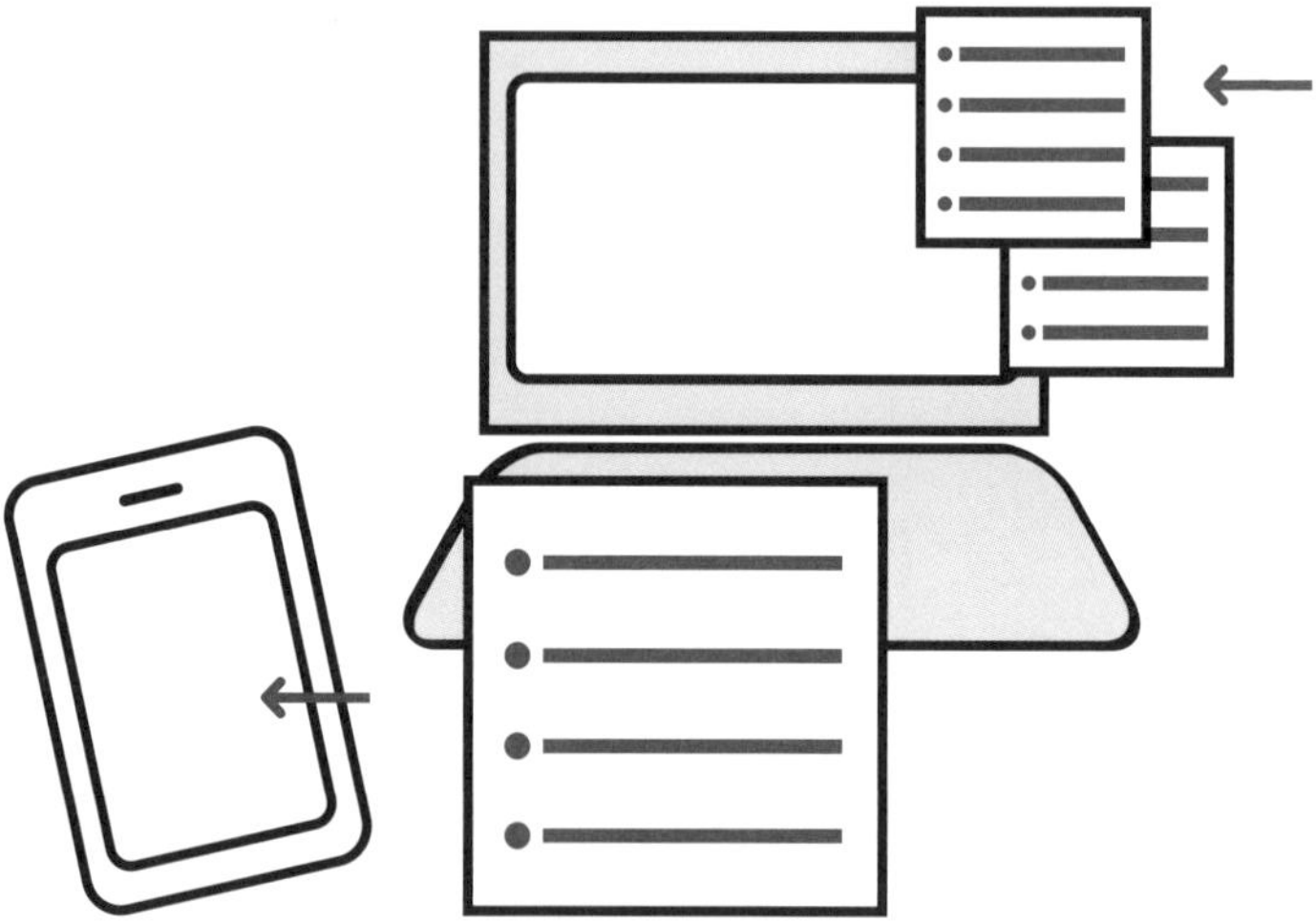

TODOリストは目立つ場所に。1日に何度も見返すのが鉄則

などなどキリがありません。

席に戻って、「ああ疲れた」などとトロトロしていると、すぐにまた次の仕事が降ってくるでしょう。


振られた仕事に忙殺されていると、徐々に「TODOリスト」の存在を忘れてしまうケースが散見されます。

気がつけば、

「終日振られた仕事をこなしているだけだった…」

「結局、自分がやりたいことは何もできなかった…」

ということになりかねません。

振られた仕事をこなしているだけでは、あなたの抱えている課題は一向に解決しません。**仕事は受け身でやってはいけない**のです。

どれだけ忙しい環境下にあっても、定期的に「自分がやるべきこと」を再認識するために、TODOリストを一番目に入る場所に置きましょう。付箋にしてPCに貼り付けるなども効果的です。

もちろん、あまり人に見られたくないなどの場合は、リストをデスクの引き出しの中の定位置に置いてもいいですし、スマートフォンのアプリなどを活用してもよいと思います。

その場合も、1日に何度か目にすることを習慣としてください。通勤時、出社直後、ランチの前後、退社前など、タイミングを決めておくとよいでしょう。

まとめ　**どんなに忙しくても「TODOリスト」を忘れない工夫を！**

簡単なものから「順位づけ」する

TODOリストを実行するにあたり、大切なことは計画を頓挫させない工夫をすることです。

TODOリストの中には、勇気を必要とする行動であったり、労力を必要とする行動であったり、行動を起こすことが億劫になるものがたいてい含まれています。

最初の段階でつまずくと、「やっぱり自分はダメだ」と自信を喪失してしまいます。

それを避けるためにも、まずは簡単なTODO（タスク）から実行して、徐々に難易度の高いTODOに取り組んでいきましょう。

そのために、TODOリストを簡単なものから、順位づけします。

自分にとって簡単にできそうなタスクから、**レベル1、レベル2…**と順位づけを行い、最も大変そうなタスクをレベルMAXとします。

例えば、次のように順位づけを行います。

・A社にお礼メールを送る　**レベル1**
・上司に営業報告をする　**レベル2**
・B様に電話する　**レベル3**
・C様に新商品を提案する　**レベル4**
・××の最新動向についてリサーチする　**レベル5**
・売上アップの施策を考える　**レベル6**
・D社との打ち合わせ資料を作成する　**レベル7**
・1日50件の新規のお客様への電話外交　**レベルMAX**

このように、TODOに取りかかる前に、それぞれレベルを書いていきます。もちろん、リストを作成するときに、順位づけをしてしまえば一石二鳥です。

まとめ　レベル1〜MAX、実行しやすい順に見当をつける

レベル1からどんどん実行

順位づけが終わったら、簡単なものからスピーディーに実行していきましょう。

レベル1の簡単なタスクから行動に移し、着実に自己肯定感を高めていきます。

レベル1のタスク、レベル2のタスクを実行していくうちに、徐々に自信が培われ、**「この調子で次のレベルの解決策もできそうだ」**と勢いづいてくるはずです。簡単なものから片づけて、自分自身を勢いづかせるのです。

僕自身はTODOのタスクをレベル分けして実行する際、テレビゲーム（ドラゴンクエスト）のロールプレイングゲームに重ね合わせています。そう考えることで、僕自身が奮い立つからです。

思うに、自己実現に向けて、難題を一つひとつ乗り越えていく過程はロールプレイングゲームと同じです。

誰だって一番最初からレベルＭＡＸのラスボスが目の前に立ちはだかったら、嫌になるし、逃げたくなります。まずはレベル１のスライム（雑魚キャラ）から倒して、経験値を積み上げていき、自信がついたらレベル２の敵に向かっていくイメージです。

人は目の前の壁が高すぎると、挑戦する気を失います。挑戦するモチベーションを維持するためにも、解決策の難易度に合わせて順位づけを行い、簡単なものから片づけて、少しずつ負荷を上げていきましょう。

まとめ　まずは自己肯定感を高めて勢いをつける

1つ行動が取れたら斜め線で消す

1つのTODOが片づいたら、そのたび、斜め線（直線でもOK）でそのタスクを消してしまいましょう。

- A社にお礼メールを送る　レベル1
- 上司に営業報告をする　レベル2
- B様に電話する　レベル3
- C様に新商品を提案する　レベル4
- ××の最新動向についてリサーチする　レベル5
- 売上アップの施策を考える　レベル6
- D社との打ち合わせ資料を作成する　レベル7
- 1日50件の新規のお客様への電話外交　レベルMAX

やってみると気づきますが、タスクを「終了！」と線で消す行為には、快感が伴います。そして、「残りのタスクも斜め線で消してしまいたい」という衝動に駆られるようになります。

このように、残りのＴＯＤＯリストも「消してしまいたい」という実行モチベーションが維持されるように、自分なりに工夫することは極めて大切です。

これくらい「やって当たり前」と、淡々とこなしていくだけでは、あまり喜びや達成感が感じられず、いつかは息切れしてしまいます。

せっかく頑張っているのですから、少しでも楽しく実行する工夫をしていきましょう。

まとめ　やればやるほど楽しくなる小さな工夫を

1つ行動を起こすたび自分を褒める

行動し続けるモチベーションを維持するためにも、1つのタスクを達成する都度、自分で自分を褒める習慣をつけましょう。

私はコーヒーが大好きだったため、1つタスクを終えると、飲むことにしていました。タスクが終わった達成感を、コーヒーの苦味で味わっていたのです。

また1日の終わりには夕日を見ながら、コーヒーを飲んでいました。

「今日1日でこれだけのタスクを達成できた。偉いぞ、オレ！」と自分で自分を褒めていたのです。小さなことに思えますが、これを毎日の習慣にすることで、モチベーションを維持することができていたのです。

人間は弱い生き物です。「目標を立てて、やることが明確でも、自己管理ができず、3

日坊主で終わってしまった」ということは誰でも経験があると思います。
野村證券の研修では**「何かをやろうと思う人が1万人いたら、実際にやるのは100人、さらに継続できるのは1人」**という話もありました。それくらいモチベーションを維持して、努力を継続することは難しいのです。

もちろん、社員が仕事のモチベーションを維持できるよう、さまざまな取り組みがされていました。代表的な取り組みは、半年ごとに行われる目標に対してのフィードバックです。期初に立てた目標に対して、社員と上司の間で半年間の振り返り作業が行われます。半年間の間にできたことを褒められる反面、できなかったことを反省して、次の半年間に活かそうとする取り組みです。
半年間頑張ってきたことを褒めてもらえることは、何よりも嬉しいことです。そして、それは次の仕事へのモチベーションにも繋がります。

しかし欲を言えば、半年間ごとのフィードバックでは、期間が長すぎて、ダレてしまうこともありました。**自分一人で行うフィードバックは毎日でも行ったほうがよい**と思います。そのために役立つのが日々のＴＯＤＯリストなのです。

ＴＯＤＯリストは自分自身の課題であり、行動しても誰かが褒めてくれるわけではありません。だからこそ、一つひとつのタスクを完結する都度、自分で自分を褒める必要があります。こうして自己肯定感を高めていくことが、次の行動へと繋がっていくのです。

他人は見ていなくても、自分が見ているのです。

まとめ　**モチベーションを管理するのは、あくまでも「自分」！**

障害が発生したら後回しでOK

簡単な行動からスピーディーに実行していく中で、ときに、行動しにくくなる障害が発生することもあります。

例えば、レベル1の「A社にお礼メールを送る」を終えて、レベル2の「上司に営業報告をする」に移るときです。

上司が不在であったり、忙しい状況に置かれていたりする場合は、営業報告をすることができなくなります。

・~~A社にお礼メールを送る　レベル1~~
・上司に営業報告をする　レベル2
・B様に電話する　レベル3

・C様に新商品を提案する　レベル4
・××の最新動向についてリサーチする　レベル5
・売上アップの施策を考える　レベル6
・D社との打ち合わせ資料を作成する　レベル7
・1日50件の新規のお客様への電話外交　レベルMAX

このような場合は、レベル2で手を止めてしまうのではなく、そのタスクは後回しにして、レベル3のタスクに移りましょう。

必ずしも簡単なものから順番にやる必要はないのです。

レベル3の「B様に電話する」を実行している間に、上司は戻ってくるかもしれません。

とにかく立ち止まらず、行動し続けることが大切です。

まとめ　こなす順序は臨機応変。とにかく行動を止めない

ときには第三者の力を借りる

自分一人では困難に思えるタスクに直面したら、必要な第三者の力を借りましょう。

誰しも一人では大きなことは成し遂げられず、難易度の高いタスクほど、第三者の力を必要とすることが多いです。

例えばレベル4の「C様との打ち合わせ資料を作成する」に取りかかるときなどがそうです。

・~~A社にお礼メールを送る　レベル1~~
・~~上司に営業報告をする　レベル2~~
・~~B様に電話する　レベル3~~
・C様に新商品を提案する　レベル4

・××の最新動向についてリサーチする　レベル5
・売上アップの施策を考える　レベル6
・D社との打ち合わせ資料を作成する　レベル7
・1日50件の新規のお客様への電話外交　レベルMAX

C様との打ち合わせ資料は、複雑な案件に関わるもので、自分一人では解決することのできない、さまざまな専門知識が必要になっています。

例えば、
税務の知識
法律の知識
医療の知識
映像の知識
などなどです。

このようなときは、「…なんとか自分一人でやってみよう」と考えるのではなく、積極的に必要な第三者の力を借りましょう。

結果的に、そのほうがうまくいく可能性が高いからです。

これまでも何度か、第三者に期待するべきでないと述べましたが、自ら働きかけて、第三者の力を借りることは、それとは全く異なります。後者は、「自ら行動を起こす」という素晴らしい行為なので、積極的に行っていきましょう。

「Aさん、是非とも力を貸してもらえませんか？」

「Bさん、相談がありまして、少しお時間よろしいでしょうか？」

などと声をかけて、協力を仰ぎ、どんどん動いていってください。

やってみるとわかりますが、頼られたほうも意外と嬉しいものなのです。

まとめ　全て一人でやらなくては、と考えなくてＯＫ

その日できなかったら作戦を練り直す

1日の時間は有限です。ときにさまざまなハードルに阻まれて「レベル5までは達成できたけど、レベル6以降はできなかった」という日もあると思います。

そんなときはレベル5まで達成できた自分自身を褒め称え、実行できなかった行動は、**「なぜできなかったか？」を考えて、明日の行動に活かしていきましょう。**

- A社にお礼メールを送る　レベル1
- 上司に営業報告をする　レベル2
- B様に電話する　レベル3
- C様に新商品を提案する　レベル4
- ××の最新動向についてリサーチする　レベル5

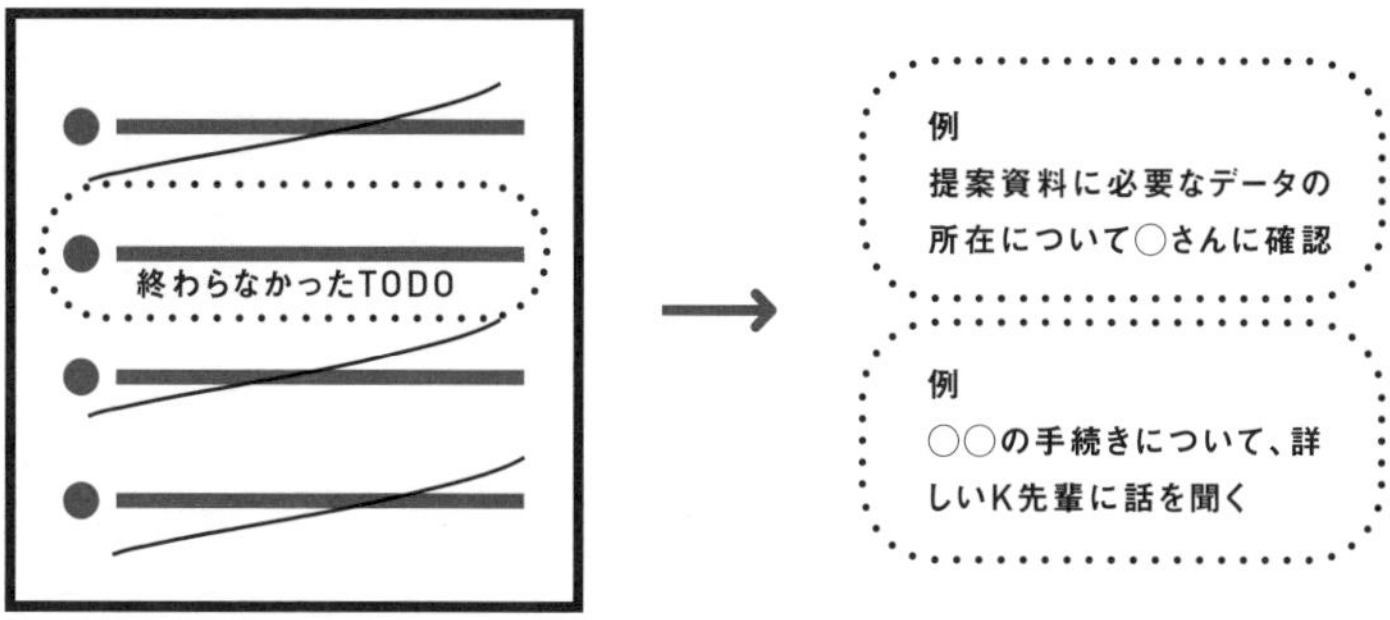
終わらなかったTODO
例
提案資料に必要なデータの
所在について◯さんに確認
例
◯◯の手続きについて、詳
しいK先輩に話を聞く

TODOリスト

明日以降の対策を練る

できなかったTODOをほったらかしにしない

・売上アップの施策を考える　レベル6
・D社との打ち合わせ資料を作成する　レベル7
・1日50件の新規のお客様への電話外交　レベルMAX

1日の終わりには、まず「今日できたこと」を確認して、自分を褒め称えます。

そして、翌日に取りかかるレベル6以上のタスクを確認して、**そのための準備**に時間を費やしましょう。

例えばレベル6の「売上アップの施策を考える」は一人で集中して行いたいの

で、「明日はいつもより30分早く出社して行おう」と作戦を考えます。

レベル7の「D社との打ち合わせ資料を作成する」は自分一人では行えないので、「今日のうちに、専門家の方々に協力依頼メールを送っておこう」と作戦を考えます。

このように前日に翌日の準備を行っておくことで、よりスムーズに良いスタートダッシュを切れるようになります。同様に、1週間単位でも、こうした振り返りを行って、翌週に備えるといいでしょう。

良いスタートダッシュを切れると、レベルＭＡＸである「1日50件の新規のお客様への電話外交」により時間を費やすことができ、1日１００件の電話外交が可能になったりします。結果的に、売上成績は倍増します。

地道な作業ですが、この流れを継続できる人が成果を残せる人です。

まとめ　できなかったときは、さらなる「行動プラン」に落とし込む

どうしても タスクが実行できないときは

それでも、どうしてもタスクが実行できないこともあります。

そんなときは、そのタスクは消さずにTODOリストに残しておきましょう。

残しておくことで、リストを見返すたびに、そのタスクが課題として、頭の中に意識されます。

それでよいのです。

課題が頭の中で意識されていれば、そのことについてアンテナを高く張れている状態です。アンテナを高く張れていれば、ふとしたことから、そのタスクを実行するための打開策が見つかる可能性が高まります。

僕自身もどうしても実行できずに、長期にわたってリストから消せないタスクがありました。

そのタスクは「M様に新商品を提案する」でした。

M様は大口のお客様であり、自分の売上目標を達成するためにも、「M様に新商品を提案する」ことは避けては通れない道でした。

しかし、次のような理由でどうしても実行に移せなかったのです。

アポイントを貰えない

信頼されていない

新商品を提案できる関係にない

「M様に新商品を提案する」はTODOリストに1カ月以上、消せずに残りました。いつまでも行動できない自分に嫌気がさしました。その反面、**いつTODOリストを見ても、その課題が残っているため、常に意識するようになったのです。**

課題を常に意識して生活していると、普段何気なく読んでいる新聞記事や経済ニュースも、見え方が違ってくるようになりました。

「M様にこの記事を見せたら、喜んでもらえるのではないだろうか？」

「この経済ニュースは新商品の提案に役立つな」

「M様はこの記事には関心が高いだろうな」

などとM様目線で考えたり、新商品に関連する記事ばかりを探したり、するようになったのです。課題として意識していなかったこれまでは、これらの記事やニュースをただ単に見過ごしていたのです。


このような状態になると、「M様に新商品を提案する」を実行するために、さまざまな打開策が思いつくようになります。

「M様にとって価値ある情報提供を続ければ、信頼関係が築けるのではないだろうか？」

「最新の経済ニュースを引用すれば、M様の購買意欲を掻き立てられるのではないだろうか？」

と考えるようになり、M様に価値があると思われる記事や経済レポートの情報提供を続けました。

情報提供を続けて1カ月が過ぎたある日、M様から電話連絡があり、

「いつも情報提供ありがとう。一度会ってみよう」

と初めてアポイントを頂くことに成功しました。

お会いしたときは「僕のことを考えて、情報提供を続けてくれた君を信用している。どんな提案があるの？」と言って頂き、以前から準備していた新商品を提案して、大きな成約を頂くことができました。

「M様に新商品を提案する」はTODOリストに計2カ月以上残りましたが、課題として常に意識することで打開策を見つけることができ、最終的には消すことができたのです。

誰でも、大事なタスクを今すぐ実行できないことはあると思います。

そのようなときは「行動できない自分はダメな人間だ」と落ち込む必要は全くありません。タイミングが悪かっただけなのです。

そもそも「そのタスクを今すぐ実行したい」という想いは自己都合にすぎません。

ビジネスには常に相手がいます。「今すぐ実行したい」と自分では考えていても、**相手**

のタイミングが悪いときもあって当然なのです。

そのようなときは、実行できないタスクはＴＯＤＯリストに残して、課題として常に意識していけばよいと思います。その間に自分もよりベストの状態へと、準備を整えることもできるからです。

課題意識を常に持っていれば、必ずきっかけや打開策をつかめるものです。

まとめ

たとえ今すぐに実行できなくても、焦らなくていい

STEP3 まとめ

1 朝からフルモードで動けるように体調を管理

寝不足や疲れに負けない対策を！

2 レベル順にやりやすいものから即実行

実行スピードと自己肯定感を高める工夫を！

3 うまくいかないタスクは時間をかけてもいい

周囲に協力を仰ぐ、相手とのタイミングを図る。
焦らずに行動を続ける！

おわりに

ここまで読んでくださり、本当にありがとうございます。

思えば、学生時代何一つ誇れるものがなかった僕が、こうして人生初となる本を出版させて頂けるようになったのも、本当に多くの方々の支えと協力があったからです。

特に野村證券の諸先輩方には叱咤激励を頂きながら、愛情を持って育てて頂き、深く感謝しております。

中でも「1枚で動く」というメソッドとの出会いは、当時スランプに陥っていた僕を救ってくれました。

もともとビビリの性格で、不安なことに襲われるとすぐに思考停止状態に陥ってしまっていたのですが、このメソッドに出会ってからは、いかなる状況に置かれても、やるべきことが明確になり、行動し続けられるようになりました。

行動し続けられるようになると、自分でもビックリするほど、成果が上がるようになりました。

独立した今でも、野村證券で学んだことが支えとなっています。

また、このたびは刊行でお世話になったすばる舎の方々にも感謝申し上げます。

初出版で不慣れなことが多く、至らぬ点が多々あったかと思いますが、皆様の手厚いサポートのもと、なんとか1冊の本を書き上げることができました。

出版の機会を与えてくださり、本当にありがとうございます。

足元、コロナ禍で従来の対面営業が難しくなるなど、仕事を取り巻く環境は激変しています。このような環境下で、多くの人が「今後どうなるのだろう…」と不安に駆られているかと思います。

僕自身もそのうちの一人です。

収入の大部分が対面営業に依存していたため、今後の売上に不安を抱えていました。しかし、そのようなときこそ、「1枚で動く」ワークを通じて、「今できることは何か？」と考え、新たな行動を取り続けることが大切であると考えています。

僕の場合、それがＹｏｕＴｕｂｅ（野村證券ＯＢチャンネル〜伊藤達馬のビジネスメンタル論〜）でした。まだ始めて3カ月足らずではありますが、想像以上に多くの視聴者の方々に観て頂き、新たな広がりと可能性を感じております。

これからも不安に駆られたときこそ、「1枚で動く」ワークを通じて、行動し続けていきたいと思います。


この本を手に取っていただいた皆様は、きっと「仕事で高い成果を出したい」と前向きに考えている方ではないかと想像します。

目標があると、さまざまな困難や迷いに直面するのは当然のことです。

ときに、不安や悩みに押し潰されそうになることもあるかもしれませんが、それはあなたが頑張っている証拠なのです。

そのような方に、この本が少しでもお役に立てれば幸いです。

最後まで読んでくださり、ありがとうございました。

伊藤 達馬

伊藤達馬（いとう・たつま）

東京都出身。1985年生まれ。慶応大学経済学部卒業後、新卒で野村證券に入社。30%の離職率を超える同社で、上位2%に入る営業成績を8年間出し続けるトップセールスとなる。その間、累計2000名以上の顧客を担当し、総資産200億円の資産運用コンサルタント業務に従事。その後、2018年に独立し、富裕層向け資産コンサルティング会社、Ito Asset Inc. 創業。

ノルマや上司からの強烈なプレッシャーで170名以上の大切な同期がメンタル的な問題を抱えて辞めていく中、自身も入社2年目で大スランプに陥る。「もうダメだ」と思ったとき、偶然、紙1枚のワークに出会い、開眼。急成長を遂げる。その後、海外修練1期生に選抜され、ブラジルに1年滞在。帰国後は、課長として若手の育成とともに売上でも貢献。

当時の体験や気づき、そして応援と励ましを、業界や業種を超えて、より多くの若手ビジネスパーソンに届けるべく、初の著書となる本書を刊行。また、2020年6月より、YouTubeチャンネル『野村證券OBチャンネル〜伊藤達馬のビジネスメンタル論〜』を開設。好評を博している。

YouTube　https://www.youtube.com/channel/UChPQQjwxiufdqV3C27Z0ehQ
Twitter　@tatuma_ito
会社公式HP　https://ito-am.com

1枚で動け

2020年10月25日　第1刷発行

著　者――――伊藤 達馬
装　丁――――山之口 正和（OKIKATA）
発行者――――徳留 慶太郎
発行所――――株式会社すばる舎
東京都豊島区東池袋3-9-7 東池袋織本ビル　〒170-0013
TEL 03-3981-8651（代表）　03-3981-0767（営業部）
振替 00140-7-116563
http://www.subarusya.jp/
印　刷――――シナノパブリッシング

ISBN978-4-7991-0930-4